Clones humanos

Clara Pinto Correia

Clones humanos
Nossa autobiografia coletiva
◄o►

Tradução de
F. RANGEL

Rocco

Rio de Janeiro – 2002

Título original
HUMAN CLONES
Our Collective Autobiography

Copyright © Clara Pinto Correia, 2000

Direitos para a língua portuguesa reservados
com exclusividade para o Brasil à
EDITORA ROCCO LTDA.
Rua Rodrigo Silva, 26 – 5º andar
20011-040 – Rio de Janeiro, RJ
Tel.: 2507-2000 – Fax 2507-2244
e-mail: rocco@rocco.com.br
www.rocco.com.br

Printed in Brazil/Impresso no Brasil

preparação de originais
RYTA VINAGRE

CIP-Brasil. Catalogação-na-fonte.
Sindicato Nacional dos Editores de Livros, RJ.

C847c Correia, Clara Pinto, 1960-
        Clones humanos: Nossa autobiografia coletiva / Clara Pinto Correia; tradução F. Rangel. – Rio de Janeiro: Rocco, 2002
        .– (Ciência Atual)

        Tradução de: Human clones: our collective autobiography.
        Inclui biografia.
        ISBN 85-325-1174-0

        1. Clonagem. I. Título. II. Série.

02-0218
                                      CDD -575.1
                                      CDU - 575

Para Scott
que escreveu a minha Bíblia

"Todas as histórias são autobiografias. Só que algumas começam com 'Nasci em Buenos Aires', enquanto outras começam com 'Era uma vez um rei e uma rainha'."

JORGE LUIS BORGES

SUMÁRIO

Introdução 11

PARTE UM
Dever de casa

I – Carta a uma amiga 31
II – Perguntas mais freqüentes 58
III – A revolução biológica 80
IV – O que um nome tem 96

PARTE DOIS
Fogos de artifício

I – Noite quente de agosto 111
II – Dias frios de inverno 121

CONCLUSÃO
Mensagens para levar para casa

1 – Clonagem de animais 149
2 – Clonagem de seres humanos 150
3 – Clonagem de erros 151

Notas 153
Sugestões de leitura 163
Bibliografia 165

INTRODUÇÃO

Por que outro livro sobre clonagem? Já não temos livros desse tipo em número suficiente?

Tudo o que posso dizer é que este livro vem de minha experiência pessoal. E muitas vezes acho que as histórias pessoais podem ser reveladoras de um modo que outros relatos não podem.

Deixem-me voltar a fita rapidamente, para tentarmos perceber desde o início a diferença que pode fazer um relato na primeira pessoa.

Nevava em Massachusetts quando nosso despertador tocou, às sete da manhã. Não sou uma pessoa matutina. Consegui chegar ao chuveiro ainda envolta em um sonho inacabado. Depois desci as escadas e cambaleei em direção à cafeteira. Dick escutava no rádio o noticiário da manhã. Quando entrei na cozinha, vi que olhava para mim com uma expressão que era um misto de ironia e apreensão. E o ouvi dizer:

– Clarinha, prepare-se. Uma equipe da Escócia clonou uma ovelha a partir das células somáticas de um adulto. Está na primeira página do jornal e eles acabaram de falar no rádio.

Eu ainda estava meio dormindo. Tudo o que podia fazer era me apoiar na parede e pensar, do fundo da alma: "Deus, por favor, me ajude."

O primeiro telefonema, de um canal de televisão em Portugal, veio cinco minutos depois.

Isso soa estranho? Não é a introdução habitual para um livro normal sobre clonagem? Eu certamente espero que não. Pois sem dúvida nem todo mundo sentiu um arrepio na espinha, prevendo um dia longo e penoso em meio a uma tempestade na mídia, no dia em que o nascimento de Dolly foi anunciado ao mundo. No meu caso, a diferença, o pequeno detalhe que tanto me assustou naquela longínqua manhã de fevereiro, era que, como cientista, eu trabalhava justamente com clonagem de mamíferos. Entre março de 1991 e dezembro de 1993, desenvolvi meu projeto de pesquisa de pós-doutorado no Departamento de Ciências Animais e Veterinárias da Universidade de Massachusetts, no laboratório do professor James Robl, um dos pioneiros dessa área no mundo. Além disso, também sou escritora e, como tal, há muito tempo venho tentando explicar a ciência aos leigos. Para piorar as coisas, sou portuguesa. Portugal é um país pequeno. Assim, naquela ocasião, revelou-se que eu também era a única cientista portuguesa a ter trabalhado com clones, e a única escritora nacional a ter falado a respeito. Quando a tempestade começou, eu não tinha onde me esconder.

Cientificamente, o tempo que passei no laboratório de Jim foi o período mais produtivo da minha vida. Só que eu nunca poderia ter adivinhado no que estava me metendo.

Era o início dos anos 90, quando ainda pensávamos que ninguém no mundo real jamais se interessaria por cópias de mamíferos. Tudo ficava apenas entre nós, biólogos, que tentávamos desvendar segredos celulares, e eles, o setor agrícola, que mais tarde poderia usar nossos resultados para criar bons reprodutores nos estábulos e bons espécimes nos pastos. Mais tarde, a clonagem de mamíferos também poderia ser de interesse para a indústria farmacêutica, que poderia obter grande quantidade de reagentes de animais clonados. Mas nós costumávamos pensar que isso demoraria tanto para acontecer que, provavelmente, só ocorreria depois de nossa vida ativa ter chegado ao fim. Com exceção de Jim, que mal podia esperar para fazer algo importante e clonar o mundo.

Meus predecessores haviam fixado na parede uma fotografia sua usando chapéus cônicos nos quais estavam escritas as palavras "os cabeças de clone". Colávamos nas portas uns dos outros quadrinhos que falassem de clones, mesmo vagamente. Desenvolvíamos nossas próprias especialidades e, de brincadeira, prometíamos uns aos outros um prêmio Nobel baseado nelas. Johnny inventava pacientemente novos modos de proteger nosso meio de cultura comum da contaminação. Maribeth era ótima para descobrir jeitos amistosos de ordenhar coelhos. Jim gostava de frustrar suas tropas pelo fato de ser canhoto, e portanto, é claro, ninguém conseguia segurar as pipetas exatamente como ele. Rafael dançava no corredor sempre que obtinha três picos de cálcio seguidos. Philippe era capaz de microinjetar uma centena de óvulos de uma só vez, de madrugada, com a mesma facilidade com que Mozart tocava piano de costas para o teclado. Abel gritava com todo o mundo, e em seguida transformava nossos slides difusos em cartões-postais com um simples clique do mouse do processador de imagens. Eu fora nomeada a especialista em microtúbulos: logo ficara encarregada de manipular embriões de coelho clonados para realçar eixos e cromossomos com corantes fluorescentes de forma nunca antes vista naquelas tranquilas paragens. Às terças-feiras, todos nos reuníamos na sala principal para aspirar centenas de óvulos de ovários de vacas trazidos de um abatedouro na Pensilvânia dentro de um refrigerador nos fundos de um pequeno avião. E, naquela época, a aspiração de ovários ainda era feita manualmente, óvulo por óvulo, num festim macabro de gordura gosmenta e sangue esparramado. Era uma cerimônia pagã que se estendia por longas horas tarde adentro, pontuada por piadas picantes sobre a fisiologia da reprodução dos animais domésticos. Foi assim que eu soube, pela primeira vez, que o orgasmo de um porco dura mais de quinze minutos. Depois de me contar, eles me fizeram ir ver com meus próprios olhos.

De vez em quando, Johnny saía da unidade animal com uma expressão radiante. Alguns de nossos clones haviam realmente nascido.

Nesses dias de rara alegria, não podíamos deixar de fazer uma pausa e comemorar. Fazíamos isso com muitas caixas de pizza barata entregues em domicílio, acompanhadas por várias cervejas e várias risadas, em meio a divertidas sessões de fotos em grupo de intrépidos cabeças de clone em ascensão. Segurávamos nos braços nossos animais clonados, aninhando-os em nossos jalecos sujos, e posávamos para a câmera com uma serena sensação de orgulho. Entregávamo-nos alegremente aos prazeres prosaicos muito simples e muito recompensadores da vida de laboratório.

Foram nossos dias de inocência. Nunca nos cansávamos de descobrir coisas novas a cada dia, e não nos incomodava nem um pouco que nossas descobertas parecessem gostar de surgir durante a noite, já que os fenômenos do desenvolvimento não param para que os pesquisadores descansem. Eu apenas aceitava o fato de meus melhores resultados teimarem em se materializar diante dos meus olhos às três e meia da manhã, quando não havia ninguém por perto para partilhá-los comigo, e de meus pneus terem uma tendência a furar no meio de tempestades de gelo logo em seguida. Esses detalhes triviais viravam brincadeira entre nós. Simplesmente me acostumei a inventar canções bilíngües bobas para me manter acordada, e assim eu ia. Essa era a época em que meu famoso saco de dormir ficava permanentemente pendurado no canto do escritório onde funcionava nosso único computador. Éramos apenas uns zés-ninguéns de uma pequena equipe que estavam realmente se divertindo. Mesmo quando estávamos cansados, o que era freqüente, nos sentíamos ótimos.

Nenhum de nós sabia o que o futuro nos reservava.

Anos mais tarde, a soma desses esforços, e dos esforços de muitas outras equipes como a nossa espalhadas pelo planeta, acabou levando ao nascimento de uma ovelha que agitou o mundo inteiro. No rastro da euforia em torno de Dolly, a empresa de clonagem com a qual Jim tanto sonhara foi finalmente criada na Universidade de Massachusetts. Um ano depois do nascimento da ovelha, essa empresa produziu seis bezerros clonados transgênicos. Nessa época, todo o departamento se transformou num circo da mídia por mais tempo do que gostamos de nos lembrar. A empresa inicial já dera origem a dois novos departamentos na Universidade de Massachusetts, um dedicado à agricultura e outro, à produção de anticorpos.

Havia muito tempo que Jim esperava por esses dias, mas ele não tinha idéia de como mudariam sua vida. Não o vemos mais sentado por horas a fio em silêncio diante do micromanipulador. Na verdade, agora raramente o vemos. Colamos um cartaz com os dizeres "Cadê o Jimbo?" na porta de sua sala. Ao voltar de uma de suas intermináveis viagens, ele tirou o cartaz.

Nosso Jimbo agora é um desenvolto viajante do mundo e um agradável conferencista para todos os tipos de público. Chama os jornalistas do *Boston Globe* ou do *Washington Post* pelo primeiro nome, e geralmente passa pelo menos metade de seu dia de trabalho respondendo a perguntas complicadas ou espirituosas ao telefone. Honra programas de televisão com sua presença. Costumava transpirar antes de dar aula, mas hoje profere seus discursos biotecnológicos em pentâmetros iâmbicos imaculados. Tinha fortes crises de medo de avião,

Introdução

mas hoje voa despreocupadamente para o Japão para falar do futuro da humanidade. Tem a desenvoltura daqueles acostumados às luzes dos refletores. Engordou muito.

Quanto a mim, quando Dolly chegou, eu estava longe de casa, protegida do interesse público pelo imenso Atlântico que se estende entre Boston e Lisboa. Mantive-me confortavelmente afastada durante os primeiros dias da confusão, e pensei que ela logo terminaria.

Mas não.

Voltei a Portugal dois meses depois do nascimento de Dolly. E aí então era a minha vez.

Embora seja um fato da vida bastante conhecido, é incrível como somos capazes de nos enganar inteiramente. Eu não me dera conta de que nós, cientistas e divulgadores da ciência, deixáramos de lado tantos detalhes importantes que deveriam ser explicados. Não sabia que nossas histórias de amor no laboratório haviam causado tamanha tensão no público. Não esperava tanto alarde, e certamente não previra aquele pandemônio. Nunca pensei que encontraria uma convulsão social tão grande.

Voltar a Lisboa depois da bomba Dolly foi realmente uma experiência estranha. Eu nunca poderia ter adivinhado que ouviria a imprensa descrever a clonagem como a grande revolução deste milênio ("será que eles perderam a cabeça?"), nem que todo o meu país explodiria em debates acalorados e muito públicos ("por que agora, se já faz tanto tempo que clonamos mamíferos?"). As pessoas debatiam com paixão nas ondas de rádio, na televisão, em fóruns organizados pelo governo, nas escolas, em grupos de igreja, em todo tipo de lugar ("mas que perguntas estúpidas são essas?"). Eu supostamente deveria comparecer a todos esses debates, para explicar a meus nervosos concidadãos que diabos estivera fazendo em Massachusetts ("eles estão realmente ouvindo o que eu estou dizendo?"). A certa altura, um seriado português popular na época chegou a criar uma personagem com meu nome, que fora a Massachusetts e agora estava sendo atormentada para clonar a mulher do primeiro-ministro ("vou virar motivo de piada para meus colegas ou o quê?"). Tudo isso acontecia em meio a notícias incessantes e conflituosas ("por favor, quem disse isso?"). Era raro uma semana se passar sem um novo convite dos jornais ("que diabos está acontecendo aqui?"). Sem falar nas intermináveis entrevistas ("será que passei esse tempo todo sem perceber alguma coisa?"). Imagine que você seja um professor universitário tentando dar uma aula de graduação sobre algo tão específico e complexo quanto, digamos, as vias de fibronectina usadas na migração de células germinais primordiais para as cristas gonadais. Você tem 23 micrográficos e onze diagramas para mostrar para a turma. Tem cinqüenta minutos para fazer isso. Seus alunos não param de levantar a mão. Eles simplesmente precisam fazer perguntas sobre clones humanos. Por que isso não termina?

As perguntas irrelevantes entre parênteses que eu ficava fazendo a mim mesma, muitas vezes sob as pressões enganadoras da pura impaciência ou da simples exaustão, acabaram se juntando em uma surpreendente revelação. Eu estivera errada o tempo todo. E, aparentemente, a maioria dos cientistas que trabalham com clonagem e em áreas correlatas também estivera. Era óbvio que havíamos subestimado muito os valores e prioridades do público, e eu tinha ainda menos desculpa do que meus colegas para não ter percebido isso. Apesar de toda a minha experiência em divulgação científica, ou talvez por causa dela, eu presumira desde o início que o turbilhão em torno do nascimento de Dolly logo terminaria. Ingenuamente acreditara que aquilo acabaria por se tornar uma notícia velha, como temos tendência a pensar que sempre acontece com qualquer outra notícia nesses tempos velozes em que vivemos. Eu imaginava que as pessoas logo parariam de fazer perguntas, e que depois todos continuaríamos com nossas vidas. Então hoje, dois anos depois, sou obrigada a aceitar que fui algo bem pior do que ingênua.

Fui paternalista.

O público nunca foi estúpido.

Por mais mal informados que estivessem, os cidadãos do mundo haviam percebido uma diferença fundamental, e realmente havia uma. Derrotando os cientistas em seu próprio jogo, eles viram na simples existência de Dolly o sinal de novas coisas ainda por acontecer. Vislumbraram, de maneira rápida e nebulosa, um futuro plausível. Não estavam nada certos de ter gostado do que viram. Conseqüentemente, nunca mais deixaram de se interessar pelas notícias sobre clonagem.

O público estava certo.

Minhas perguntas iniciais haviam sido realmente arrogantes.

Introdução

Sim, um dia poderíamos também clonar seres humanos.

E, sim, caso clonássemos seres humanos, era possível que o mundo nunca mais fosse o mesmo novamente.

Mas não por causa das mirabolantes futurologias que logo nos vêm à cabeça.

Esse detalhe é o parêntese crucial da diferença entre as possibilidades prováveis da ciência e as monstruosidades da imaginação sem limites da ficção científica, o único parêntese fundamental que deveríamos estar debatendo seriamente hoje.

Assim, assumi a tarefa de escrever um livro de ciência popular despretensioso que falasse especificamente de clonagem. Não estou aqui para lhes dizer se a clonagem é boa ou ruim. As escolhas fundamentais que devem ser feitas pelas sociedades humanas nunca são tão simples. Este pequeno livro, assim espero, é uma resposta aos medos básicos da maioria das pessoas sobre o assunto. Mas eu não ficaria surpresa se a maioria dos leitores considerasse minhas informações bastante assustadoras. Também o escrevi como uma maneira de distinguir os aspectos verdadeiros da clonagem de mamíferos do frenesi de cenários pessimistas e incoerentes com os quais a mídia bombardeia todos nós. Mas eu não poderia, de modo algum, alegar que o que vou dizer não será controverso. Somos bichos complicados, que geram problemas complicados. Já que também somos inquietos, condicionados pela evolução para seguir em frente sem olhar para trás, muitas vezes criamos esses problemas para nós mesmos sem pensar muito, só para pôr a culpa, alguns séculos depois, em pessoas que morreram há muito tempo. Não há dúvida de que a clonagem pode nos fazer muito bem. No entanto, como no caso de todos os avanços da tecnologia humana, dos estribos dos guerreiros mongóis às cápsulas de alimento dos astronautas americanos, ela também poderá nos levar a lugares que não estamos prontos para visitar. Dentro de alguns séculos, poderemos nos pilhar sonhando com os velhos e bons tempos, quando a vida era bem mais simples, porque os seres humanos morriam para sempre ao final de um processo natural de envelhecimento. Entediados com nossos quinhentos anos de idade, podemos sentir falta desses dias primitivos.

Embora eu vá manifestar um bom número de opiniões pessoais ao longo desta análise, não é o consenso universal que procuro. Prefiro imaginar que meus leitores vão descobrir um novo contra-argumento para cada uma das minhas afirmações, levando-os a suas comunidades e desafiando-as, por sua vez, a começar a debater e a pensar, pela primeira vez na história das revoluções sociais. Então, se quiserem ter seu voto contado quando chegar a hora de um referendo universal, por favor, continuem lendo.

PARTE UM

Dever de casa

Chegamos ao limiar da clonagem de seres humanos gravemente afligidos por uma mazela persistente de nossa época. Temos enormes avanços científicos sobre os quais debater, e precisamos com urgência tomar decisões cuidadosas a esse respeito. No entanto, de modo geral, temos muito pouca informação sobre ciência.

Se, nos dias de hoje, os gestos mais ínfimos de nossa vida são enquadrados pela presença de entidades derivadas da ciência, como isso pôde acontecer? Se funcionamos graças a microchips, alimentos enriquecidos com vitaminas, antibióticos e vacinas, como podemos saber tão pouco sobre logaritmos, enzimas de restrição ou a organização de colônias de bactérias? O que deu errado?

O erro, fundamentalmente, consistiu no fato de que a explicação da ciência ao público não foi planejada com cuidado desde o início. E, com algumas gloriosas exceções, a arte da divulgação científica nunca foi levada a sério o bastante, e certamente nunca foi tratada com o devido esforço cívico.

A pedagogia científica nunca fez parte da nossa cultura. Tal como a conhecemos, a ciência é uma invenção do século XX. Assim, durante todos os milhares de anos da busca pelo conhecimento decorridos antes de 1900, a ciência não foi ensinada às massas simplesmente porque não existia como tal. Além disso, e talvez ainda mais importante, aqueles que tinham acesso à base de dados cada vez mais importante das classes instruídas não sentiram necessidade de transmitir essa base de dados ao povo, porque o povo não sabia ler nem escrever, e a maioria dos seres humanos estava ocupada demais tentando sobreviver. O século XX veio então mudar essas leis milenares, e a educação aos poucos se tornou uma prerrogativa universal. Ao mesmo tempo, o impacto da ciência moderna em nossas experiências diárias coletivas e na demanda por uma responsabilidade moral de cada um de nós alcançou proporções espetaculares nunca antes atingidas. A essa altura, a falta de comunicação tornou-se uma ameaça pública. No entanto, não tínhamos as tradições adequadas para poder prever essa ameaça com muita antecedência. Hoje sabemos que a ameaça é real, mas o caráter ambíguo do dilema tem raízes muito profundas para ser dissipado com facilidade.

Por outro lado, há as limitações naturais da mídia na era da informação. De um modo geral, os jornalistas têm um entendimento deficiente ou distorcido da ciência, e muitas vezes acumulam as duas modalidades. Mesmo aqueles que optam por transformar o jornalismo científico no núcleo de suas carreiras raramente podem estudar para adquirir os instrumentos necessários para fazê-lo, devido à escassez de programas de jornalismo científico em nível de graduação e ao fato de esses programas terem a tendência a funcionar segundo fórmulas bastante experimentais. Além disso, por melhores que sejam as intenções dos repórteres científicos, questionar especialistas a respeito das alegrias e dos segredos de seus estudos pode ser uma tarefa enervante. Como todo mundo sabe, especialistas têm o dom de falar usando códigos impossíveis. Mesmo quando um jornalista tem a sorte de encontrar um especialista que fale de forma inteligível, o mais provável é que o fato de somente falar com essa pessoa não seja suficiente para produzir uma reportagem convincente. Na maioria das vezes, é necessária uma importante pesquisa de fundo. No entanto, jornais e redes de televisão têm prazos, e desrespeitá-los é inconcebível. A maioria das reportagens científicas, como quaisquer outras reportagens, é feita com freqüência numa correria contra o relógio. É a pior maneira possível de preparar uma matéria científica para a informação pública – o que é bastante evidente.

É óbvio que existem revistas e canais de televisão científicos, oásis de segurança onde a seriedade deveria imperar e onde o tempo de preparação deveria ser obrigatório. No entanto, em grande parte devido à falta crônica de conhecimentos acadêmicos sólidos, até mesmo as imagens produzidas por esses enclaves de seriedade são contaminadas por equívocos. Certa vez assisti a um especial de cinco minutos da BBC sobre a tecnologia dos barcos quebra-gelo modernos. Durante todo o

Dever de casa

documentário, fiquei ouvindo expressões do tipo "águas infestadas por icebergs" ou "perigosas invasões de icebergs", numa total falta de respeito pela ecologia dos oceanos árticos e numa evidente incapacidade de compreender que os icebergs estavam ali muito antes do homem e, portanto, não podem de modo algum ser considerados intrusos malvados em nosso louvável progresso. São, na verdade, vítimas condenadas de nosso incansável colonialismo.

Mas, se os jornalistas têm falhas intelectuais, ainda assim são as mentes mais brilhantes da galáxia quando comparados aos chefes de empresa. Espertamente, aqueles cuja tarefa é vender jornalismo e transformá-lo em lucro vêem muito mais lucro em um minuto de sensacionalismo do que em anos de reportagens sérias. Assim, a pressão por manchetes atraentes e citações de impacto está sempre presente, às vezes piorada pelo uso inescrupuloso de imagens assustadoras, apresentadas ao público sem nenhuma explicação do contexto mais amplo que lhes deu origem. Todos esses aspectos geram uma atmosfera de medo permanente e suspeita generalizada, cujo resultado imediato é fazer os cientistas se fecharem cada vez mais dentro de suas conchas. Se os especialistas falam com os jornalistas usando um monte de símbolos cabalísticos, talvez tenham motivos para fazê-lo. Mesmo que esses motivos estejam mais ligados à autoproteção do que ao rigor e, portanto, não sejam as melhores estratégias de longo prazo.

Por outro lado, temos as falhas dos especialistas. Já que transmitir ciência ao público não é fácil, e, devido à complexidade do conhecimento atual, talvez ninguém esteja mais bem equipado para essa tarefa do que os próprios cientistas. No entanto, eles são constantemente dissuadidos de cumpri-la. Entre outros fatores, o veneno de outros colegas é uma arma temível. Quando Carl Sagan estava vivo, era quase rotineiro ouvir estudiosos de todas as áreas discretamente falando mal dele. Os famosos "bilhões e bilhões" eram uma piada maldosa muito antes de se tornarem uma homenagem. E o grande homem certa vez foi proibido de ingressar na Academia Nacional de Ciências americana sob a alegação de que aparecera demais no programa televisivo de Johnny Carson.

Além disso, ninguém ensina os cientistas a se expressar. Em nossos cursos científicos, raramente encontramos sequer uma matéria opcional simples, de um semestre, sobre comunicação científica.

Nenhuma noção da urgência e da nobreza dessa missão é ensinada aos alunos de maneira consistente. Muito pelo contrário: assim que adquirem conhecimento suficiente para se dirigir ao público, os alunos são veementemente aconselhados a não fazê-lo, sob o duplo pretexto de que o público é estúpido e de que a mídia sempre distorce o que lhe dizemos. Recentemente, o medo de ver suas pesquisas banidas ou seus financiamentos desviados também tem levado um número cada vez maior de cientistas a se manter deliberadamente afastados do público, como um derradeiro esforço para garantir a segurança de seu emprego. Algumas vezes, colegas dignos de meu respeito pedem-me para limitar a abrangência de meus artigos sobre divulgação científica exatamente por esses motivos. E não posso afirmar que eles não tenham ao menos um pouco de razão. Assim, muitas vezes o caminho fica aberto apenas para os autodidatas. No entanto, embora os esforços autodidatas sejam sem dúvida louváveis, também podem ser extremamente perigosos quando confrontados com os níveis de complexidade do conhecimento moderno.

Assim, a situação não poderia ser mais confusa.

Gostaria de contar a vocês algumas de minhas histórias pessoais (a lista verdadeira é infinita), todas relacionadas com nossa aventura coletiva na clonagem de seres humanos, só para lhes dar uma idéia melhor das frustrações que os cientistas têm de enfrentar quando tentam transmitir suas mensagens.

A primeira história aconteceu em 1993, quando o público ficou sabendo de uma falsa ameaça que crispou os músculos de todo o mundo: um laboratório americano havia praticado a clonagem humana. Naquela época, pensei que esse equívoco era uma boa oportunidade para discutir a clonagem de mamíferos. Também supus que, antes de podermos dar início a uma discussão positiva, era preciso entender um vasto cenário preliminar. Eu acreditava sinceramente que, se as pessoas não sabiam como se clonam mamíferos, então era pouco provável que estivessem em condições de tomar partido a esse respeito de uma forma razoável.

Por coincidência, isso ocorreu exatamente na época em que eu estava envolvida com a clonagem de coelhos no laboratório de Jim. Por causa disso, fui imediatamente convidada a ir a Portugal explicar minhas estranhas atividades ao povo português. Estava previsto que a explicação aconteceria durante um debate televisivo, em um programa de grande audiência. Seria muito útil.

Foi uma total perda de tempo e esforço.

Meus colegas de estúdio – nenhum cientista, com exceção de um geneticista molecular jesuíta que optou sabiamente por ficar calado – consideravam absolutamente natural e legítimo evocar cenas literárias e citar Immanuel Kant. No entanto, não queriam me deixar sequer usar a palavra "blastômero". É claro que eu entendo que "blastômero" não é uma palavra atraente. Também não soa tão intelectual assim. Com certeza parece maçante à primeira vista. No entanto, os blastômeros eram peças fundamentais da técnica de clonagem que eu estava usando. Sem citar os blastômeros, como eu poderia sequer começar a descrever a técnica para os telespectadores? Fiz o que pude para insistir mas, toda vez que tentava explicar um conceito científico ou recorrer a um termo científico, era interrompida por protestos acalorados. Sou apenas humana, então confesso que perdi a paciência quando o âncora, conhecido por sua arrogância, tachou todos os cientistas de arrogantes. Naquele ponto, decidi gritar para garantir meu direito de falar nos blastômeros, e todos acabamos gritando uns com os outros. Com exceção do meu mestre jesuíta, que já está escolado e obviamente não se envolve nesse tipo de coisa.

Eu fizera todo aquele esforço, voara para Lisboa de um dia para o outro com uma diferença horária de cinco horas para voltar direto para o laboratório nos Estados Unidos no dia seguinte (e não somos programadores de informática que sabem consertar o bug do milênio, portanto não voamos de primeira classe), porque esperava estimular um debate. Realmente, houve debates acalorados na manhã seguinte. Tanto no metrô quanto nos corredores da universidade, todo mundo estava discutindo animadamente... a roupa que eu usara no programa!

A segunda história é sobre uma mulher de quem não gosto especialmente como pessoa, mas que é sem dúvida respeitada como especialista em clonagem bovina. Ela fez a crítica de alguns dos meus artigos, e algumas vezes me deixou deprimida, mas seu trabalho era incontestavelmente sólido e perspicaz. Durante o mesmo período de 1993, ainda devido ao equívoco sobre a "clonagem humana", a revista *Time* publicou um artigo sobre clonagem bovina. Um jornalista entrevistou essa mulher, uma autoridade naquela área, e ela passou bastante tempo com ele. Chegou até a dar-lhe algumas de suas próprias fotografias das diferentes etapas da transferência nuclear em vacas. Sob todos os pontos de vista, fez o melhor que pôde.

Quando o artigo foi publicado, todas as detalhadas explicações que ela dera foram retiradas em prol de um texto rápido e recheado de metáforas pitorescas. Ela foi citada apenas uma vez. E, para piorar as coisas, a única citação publicada, como se ela fosse completamente idiota ou realmente não tivesse nada a dizer, foi: "Mas nós sabemos tão pouco sobre gado!"

No dia seguinte, ouvi a risada dos meus colegas no laboratório. Vi os alunos da graduação trocando olhares de soslaio e murmurando que poderiam ter feito melhor do que ela. Posso apenas imaginar o que foi a vida dessa mulher nas semanas seguintes. Raro é o dia em que seus colegas lhe dão o benefício da dúvida. Pelo que sei, ela nunca mais falou com a imprensa.

A terceira e última história acontece novamente em Lisboa, nos dias turbulentos de 1996 logo depois do nascimento de Dolly.

Na universidade portuguesa em que trabalho, em meu próprio programa de biologia do desenvolvimento, trabalha também um colega cujas referências são excelentes e muito sólidas. Uma boa graduação, seguida por vários anos de trabalho contínuo em laboratório, um excelente doutorado, um relacionamento de nível de pós-doutorado com um grupo de pesquisadores reconhecido por toda a nossa comunidade científica como um dos melhores do país, e um desempenho impecável no ensino da biologia molecular e outros mistérios semelhantes. Esse homem trabalha com afinco e seriedade, demonstra um vasto saber prático em suas aulas e acompanha com grande competência toda a enxurrada de publicações em nossa área. Por isso, quando Dolly nasceu e começaram a chover telefonemas e fax em nosso escritório, pedindo entrevistas e sessões de informação sobre clonagem de mamíferos, pensei que ele fosse tão qualificado quanto eu para falar com a imprensa. Assim, já que eu estava assoberbada de trabalho, pedi-lhe que me ajudasse nessa tarefa tão urgente e delicada – e, acima de tudo, tão ingrata.

O primeiro grande problema foi que ele estava tão assoberbado de trabalho quanto eu.

Dever de casa

O segundo grande problema foi que, assim como a imensa maioria dos cientistas, ele tinha enorme relutância no que dizia respeito a conversar com a mídia.

Fiz-lhe um longo discurso sobre nossa responsabilidade como cientistas, e nosso dever como cidadãos, de explicar para o resto da população os motivos e significados do que estávamos fazendo nos laboratórios, de modo que os equívocos não esbarrassem de vez em um muro intransponível de completa surdez. Ele me ouviu e disse sim. E, embora não gostasse da idéia, realmente falou com a mídia.

Embora estivesse assoberbado de trabalho, tivesse aulas a dar, suas próprias experiências para conduzir, um filho de três anos com infecção de ouvido e uma mulher prestes a defender sua tese de doutorado, sentou-se na sala ao lado para falar com o repórter de um jornal local sobre os detalhes da clonagem. Explicou tudo o que pôde, da melhor maneira que foi capaz. E, em determinado momento, para dar um exemplo do uso abusivo da terminologia quando termos científicos são transformados em palavras da moda, citou o caso notório dos "clones belgas", que apareciam na imprensa justamente naquele momento.

Na clínica de fertilização *in vitro* do hospital belga Van Helmont, a equipe encarregada estava testando vários tratamentos químicos para amolecer o invólucro externo do embrião, chamado *zona pellucida*. Voltaremos aos detalhes dessas técnicas mais adiante. Por enquanto, tenham apenas em mente que nos últimos tempos esse problema tem sido uma forte prioridade na área de reprodução humana assistida porque, quando chega a hora de implantar o embrião no útero, este precisa dissolver seu invólucro externo usando enzimas, e depois disso ainda tem de se livrar rapidamente dos resíduos. O raciocínio que envolve essas tentativas é que o embrião se livraria do invólucro com mais facilidade com a ajuda de um amolecimento artificial. Assim, estaria menos sujeito a lesões ou a desagregação durante o processo, e teria acesso instantâneo ao ninho que o útero preparara para ele naquele meio tempo. Para resumir, o objetivo final dessa linha de pesquisa é tentar fazer uma implantação mais fácil e rápida, com a finalidade de aumentar as taxas de êxito das fertilizações *in vitro*. O procedimento hoje em dia é bastante difundido, e foi batizado informalmente de cirurgia de *zona*.

Por acaso, um dos embriões submetidos a esse tratamento no hospital Van Helmont dividiu-se espontaneamente em dois embriões, dando origem a gêmeos enquanto começava seu processo de implantação no útero, exatamente o que acontece quando gêmeos genéticos se formam durante uma gravidez normal. Já que são uma cópia genética exata um do outro, uma vez que ambos vieram do mesmo óvulo inicial (ver o Capítulo I para a história completa), esses gêmeos são tecnicamente "clones" um do outro. São duas cópias iguais. No entanto, não são "clones" no sentido em que empregamos o termo ao falar de clonagem de mamíferos, porque não são cópias de um organismo preexistente, e não podem ser copiados novamente. Além disso, não há nenhuma prova consistente e inegável de que o processo do amolecimento artificial da *zona pellucida* tenha causado essa duplicação. Mas a natureza humana às vezes funciona de maneiras maliciosas. Dolly acabara de nascer, a clonagem estava na moda, e em pouco tempo um dos biólogos da equipe do Van Helmont começou a dizer que um caso de "clonagem espontânea" ocorrera em seu laboratório. Em termos técnicos, ele não estava completamente errado, mas em termos éticos foi um equívoco. Também foi um erro no que diz respeito ao bom senso que deve ser usado quando escolhemos nossas palavras para nos referir a fenômenos complexos.

Meu colega explicou tudo isso ao jornalista.

Então o domingo chegou.

Ao passar por uma banca de jornal, para seu choque, e principalmente para seu horror, ele viu uma fotografia colorida sua na primeira página, com o atraente título "Há um clone humano por aí!" A julgar pela astuciosa diagramação da primeira página, o clone provavelmente era meu colega. Ele fora fotografado em um daqueles ângulos de primeira página que são cuidadosamente planejados, fazendo as pessoas parecerem imbecis e ridículas, e muitas vezes também um tanto assustadoras.

Sei o que esse homem sofreu nos dias seguintes, porque eu estava lá. O resultado foi que sua carreira sobreviveu, mas sua boa vontade não. Ele me disse imediatamente que nunca mais falaria com a mídia, por mais que eu insistisse.

Assim, amigos, vamos encarar os fatos: a situação é complicada. Metade do mundo não está falando com a outra metade, e mensagens importantes não estão sendo divulgadas. Mas precisamos começar um debate sobre clonagem humana, porque ela estará logo ali, bem pertinho, se decidirmos que é isso que queremos. E, por mais que a idéia possa soar desagradável, não estaremos fazendo justiça ao assunto se não admitirmos também que essa clonagem poderia se mostrar benéfica em alguns aspectos médicos importantes, diretamente relacionados com nosso bem-estar. No entanto, seria uma vergonha e um desperdício debater sobre algo que ainda não entendemos completamente, deixando falar nossas emoções sem sequer provê-las com a informação correta.

Com esse cenário em mente, sugiro que comecemos nossa viagem pelas profundezas da clonagem humana com uma dose generosa de dever de casa sobre os princípios fundamentais. Por favor, não tenham medo. Vocês não vão ficar entediados. A biologia do desenvolvimento tem muita beleza em sua estonteante complexidade, e é um tipo de brilho que qualquer um pode perceber, mesmo que tenha se formado em design de móveis ou seja barman em Ocho Rios e sirva drinques sob alto-falantes que tocam reggae altíssimo junto às águas do Caribe. Os dilemas morais criados por nossas novas técnicas de reprodução artificial podem também parecer de uma complexidade paralisante, mas mesmo assim nos proporcionarão material para reflexões muito ricas. Chegou a hora de todos nós entendermos qual é a nossa parte de responsabilidade nos enigmas globais que estão por vir. Podemos escolher não ficar em silêncio. Mas só se soubermos realmente do que estamos falando.

CAPÍTULO 1

Carta a uma amiga

Eu sempre disse a meus alunos e colegas que a melhor maneira de explicar assuntos complexos, como é o caso da maioria dos temas científicos, é imaginar que os estamos explicando para alguém querido. Assim, quando o enigma da clonagem começou, depois do nascimento de Dolly, sentei-me certa noite diante do meu computador e decidi escrever uma carta a uma amiga. Uma amiga imaginária, como Kitty, a amiga de Anne Frank. Eu a imaginava muito próxima de mim em termos de afeição, mas muito distante de mim no campo dos interesses profissionais. Imaginava-a – "até tu, Brutus?" – perguntando-me sobre Dolly em uma carta curta e perplexa. Kitty havia acompanhado o noticiário, e gostava de pensar que não era completamente idiota. No entanto, depois de um toma-lá-dá-cá bombástico, estava totalmente confusa. Escrevera para mim porque queria entender. Eu lhe disse tudo o que podia dizer, presumindo que ela não soubesse nada e que eu tinha de começar do zero, onde aprendemos a diferenciar o núcleo de uma célula de seu citoplasma. Em seguida, apenas deixei que o teclado fizesse o trabalho, até ficar realmente tarde e minhas costas doerem.

Oi, minha querida.

Sabe, fico contente que você se importe com o assunto. Eu realmente queria que todo o mundo escrevesse uma carta sincera como a sua para alguém em quem confia. Desculpe-me se minha resposta é muito mais longa do que você esperava. Mas você incitou meu orgulho profissional, entende?

Você disse que nem sequer tinha mais certeza do que era DNA. Não foi assim? Muito bem, então. Sou professora, afinal de contas. Tenho de gostar disso. Então aperte o cinto, por favor. Está pronta?
Vamos lá.

Antes de falar de clonagem de uma maneira que faça você realmente entender o que escrevo, permita-me fazer o dever de casa. Tenho de lhe mostrar os princípios básicos, essenciais para entendermos essa estranha história.

1. Todos os organismos são formados por nada mais do que células e espaços vazios. Isso inclui você, minha irmã. Você não passa de um grande amontoado de células. Nunca se esqueça disso.

2. As células têm dois componentes fundamentais. O primeiro é o núcleo, e, por favor, não o chame de DNA. É tão desrespeitoso se referir a um núcleo como uma molécula de DNA quanto seria se referir a uma pessoa como um esqueleto. É verdade que o núcleo carrega dentro de si nossas moléculas de DNA. Mas um núcleo é muito mais do que seu DNA. Deixe-me tentar explicar.

Como todo mundo sabe hoje em dia, a molécula de DNA é construída como uma dupla hélice. Mas você não perceberia essa famosa forma à primeira vista se desse uma espiada no interior de um núcleo vivo. A razão disso é que, dentro do núcleo vivo, a dupla hélice está bem dobrada. O motivo pelo qual está dobrada é porque as moléculas de DNA são muito longas. Tão longas que, se pudéssemos esticá-las, poderiam cobrir a distância entre Monterey e San Francisco. Por que essas moléculas são tão longas? Em parte por razões que ignoramos, e em parte por causa da longa mensagem que carregam, junto com uma bagagem complexa de outras ferramentas necessárias para fazer com que essa mensagem seja ouvida. Como você pareceu se lembrar corretamente, sua molécula de DNA contém sua informação genética completa, organizada em blocos básicos de instrução para a expressão de suas diferentes características. Como você tinha motivos para suspeitar, chamamos esses blocos de genes. Você tem muitas células, e a maioria delas ainda contém seus núcleos, então, se algum dia pudéssemos alinhar todo o DNA do seu corpo ponta a ponta, ele cobriria a distância daqui até a Lua. É uma loucura!

Agora vamos olhar mais de perto.

Carta a uma amiga

Como eu disse, o motivo pelo qual o seu DNA não pode se estender até a Lua é porque ele está dobrado. Precisa estar, ou jamais caberia dentro de seus pobres núcleos. Para se tornar funcional, o DNA precisa de sua outra metade, algumas proteínas espertas chamadas histonas, que se conectam à dupla hélice e a fazem enrolar-se à sua volta. Uma vez enrolado em volta das histonas, o DNA ainda se enrola mais uma vez, dessa vez em torno de si mesmo. Como você pode imaginar, ele fica muito mais condensado. Chamamos essa combinação de DNA enrolado duas vezes em volta das histonas, completada por um esperto elenco de apoio formado por outras moléculas, de cromatina.

Se sua mente curiosa continua como sempre foi, você deve estar se perguntando como esse processo de enrolamento opera o milagre da atividade. É porque o enrolamento não é feito ao acaso, querida. DNA, como talvez você ainda se lembre, significa ácido desoxirribonucleico, mas, por favor, lembre-se do ácido. As moléculas de ácido têm cargas negativas. As histonas, por outro lado, são alcalinas, ou básicas: têm cargas positivas. Essas cargas negativas e positivas sofrem atração mútua, fazendo com que o DNA e as histonas primeiro se juntem, depois se enrolem um em volta do outro; e a interação entre os dois é tão bem organizada que, depois do primeiro enrolamento, ainda há cargas positivas livres das histonas e cargas negativas livres do DNA suficientes para causar o segundo enrolamento. Além disso, o DNA e as histonas têm suas extremidades livres cheias de combinações especiais que condicionam diversos tipos de entrelaçamento específicos necessários à atividade. Ah, a química. Achávamos química chato na escola, não é? Éramos jovens e arrogantes, menina.

Então agora temos a cromatina. Ativa e pronta. Mas temos um núcleo? De jeito nenhum. Várias criaturinhas em todos os reinos da vida foram engenhosas o suficiente para permanecer simples e, assim, não precisar de nada para funcionar a não ser sua cromatina ativa. De fato, suas células não têm núcleo. São os procariotas, como os zilhões de bactérias e vírus deste mundo e talvez de Marte, pilantras realmente muito bem-sucedidos. Infelizmente, nós decidimos ser sofisticados. Para fazer isso, atribuímos à nossa cromatina uma série de funções tão ampla e complexa que ela precisa ser cuidadosamente separada do resto da célula para poder funcionar corretamente. Separada da célula, veja bem, mas não hermeticamente isolada dela. De outro modo, todas as mensagens que os seus genes quisessem enviar, de forma a construir seu lindo corpo e mantê-lo viçoso, ficariam inutilmente presas lá dentro. A cromatina precisa de uma parede que permita a entrada das substâncias corretas nos momentos corretos. Essa parede é o envoltório nuclear. E é só depois de termos todos esses componentes que, finalmente, temos um núcleo. Um compartimento que só existe nas células chamadas eucariotas, das algas à Miss Estados Unidos.

Se o uso de "cromatina" lhe pareceu curioso, deve ser porque você está acostumada com outra palavra, muito mais familiar: o famoso cromossomo. Sim, os cromossomos são cromatina. Só que não são um tipo de cromatina sempre presente no núcleo. Eles formam um estágio específico da vida nuclear, o estágio da divisão (ou mitose, como dizemos), quando uma célula dá origem a duas novas células idênticas à célula-mãe. A maioria das células do nosso corpo continuará a se dividir durante toda a vida. Não tenha medo, isso não nos faz crescer para sempre e nos transformar em gigantes desengonçados impossíveis de se namorar porque, enquanto algumas células estão constantemente se dividindo, outras estão constantemente morrendo. Assim, a divisão está sempre ocorrendo dentro de você, da sua pele às suas vísceras, mesmo quando você está dormindo. E, a cada divisão, o envoltório nuclear se parte e a cromatina se condensa. E se condensa mais e mais, até ficar tão firmemente comprimida que não pode mais sequer ser ativa. Nesse ponto, os pedaços separados de cromatina condensada, que carregam conjuntos separados de informação, são chamados de cromossomos. Aqueles bastõezinhos coloridos (se nós os tingimos, é claro) que saem tão bem nas fotografias.

Cada um dos seus cromossomos carrega dezenas de seus genes. Pouco antes da divisão, seus cromossomos têm dois parceiros (ou melhor, duas cromátides), unidos em uma região comum (o centrômero). Cada cromátide é uma cópia idêntica da outra. Isso significa que um gene localizado em algum lugar da cromátide esquerda tem uma cópia idêntica exatamente no mesmo ponto da cromátide direita. Por que toda essa história de pares? Porque, na mitose, os cromossomos se dividem em duas metades. Cada cromátide migra para extremos opostos da célula para se tornar parte dos dois núcleos resultantes. Esse pareamento e essa duplicação asseguram que cada um dos núcleos que se está dividindo dê origem a dois núcleos idênticos, ambos cópias fiéis de seu predecessor. A mãe natureza é extremamente esperta e deixa poucas coisas ao acaso.

Na verdade, há mais coisas a serem ditas sobre o tema. Você sabe que cada cromossomo é feito de duas cromátides idênticas. Mas, adivinhe, em uma célula humana comum os cromossomos também vêm em pares. E novamente cada par é feito de duas cópias idênticas do mesmo cromossomo. Assim, qualquer gene localizado em um ponto específico de uma delas pode estar seguro de que tem uma cópia exata de si mesmo (a não ser que tenha ocorrido uma mutação, mas isso é raro) exatamente no mesmo ponto da outra. Esses dois genes idênticos nos dois cromossomos idênticos de um par cromossômico são os dois alelos dos genes. Lembre-se disso mais tarde, quando eu começar a falar de fertilização. E agora vasculhe sua memória e recupere algo que tenho certeza de que aprendeu um dia: o que acabei de dizer sobre pares cromossômicos sofre uma curiosa variação quando o assunto é sexo.

Ah, o sexo.

Isso está longe de ser a regra para todos os animais mas, nos mamíferos, o sexo é determinado por dois cromossomos diferentes, os famosos X e Y. Eles são diferentes porque Y é menor do que X. Acontece que o pequeno Y é o determinante masculino (coincidência? Acho que não). Se o par desobedece à regra da cópia e se apresenta como XY, temos um macho. Com pares de XX idênticos, respeitadores das leis, temos fêmeas. Já que os cromossomos sexuais são os únicos que praticam a diferença dentro do par, nós os chamamos de heterossomos. Os outros são os autossomos, identificados por números (par 1, par 2, par 3 etc., do par menor ao par maior) em vez de por letras. Entendeu? Bem. Dito do modo mais rápido possível, isso é um núcleo para você.

O outro compartimento da célula é o citoplasma. O citoplasma geralmente fica à toda volta do núcleo. Ele contém todas as informações necessárias para que as células trabalhem, mas que não estão relacionadas com a informação genética (ah, eu lhe disse que sua informação genética é seu genótipo? Desculpe, são tantos nomes para tão pouco tempo!). Ele executa todas as funções básicas exigidas de uma boa célula. Essas funções são tão diversas quanto a armazenagem de nutrientes, a oxigenação dos tecidos (ah, tecidos são grandes grupos de células com a mesma função básica e, portanto, a mesma forma básica), a produção de energia ou o manuseio dos conjuntos de informação que chegam do núcleo (estruturas citoplasmáticas específicas fazem isso), de modo a traduzi-los em pequenas transcrições capazes de serem lidas pelo citoplasma (outras estruturas fazem isso), que são então reunidas em seqüências mais longas (é, isso é feito por outras estruturas ainda), no longo caminho que existe entre um gene nuclear e uma proteína citoplasmática. Assim como o núcleo, o citoplasma precisa de uma parede que separe sua célula das outras células. Mais uma vez, essa parede precisa ser seletivamente permeável (ao contrário de você, com esses seus namorados) e estar coberta por todo tipo de agentes que regulam sua interação com outras células, da transmissão de mensagens às complicadas regras de aderência (quais são as suas regras de aderência hoje em dia?). Essa parede chama-se membrana celular.

Esse esboço ridiculamente simples será sua base de biologia celular por hoje. Agora passarei ao segundo princípio.

3. As células de um organismo estão divididas em dois grandes grupos: as células sexuais, ou gametas (óvulos e espermatozóides) e as células somáticas (todas as outras). Isso é essencial, porque é importante entender desde já que todos os núcleos usados na clonagem são núcleos obtidos de células somáticas.

Muito bem, gametas. Eles são únicos porque são gerados para se misturar no momento da fertilização e dar origem a um novo organismo, que não se parecerá com mais ninguém que tenha vindo antes ou depois. Para que essa fusão seja bem-sucedida, precisaremos dos serviços de duas importantes invenções. Quem quer que tenha inventado o sexo tinha uma mente extremamente criativa e um computador poderosíssimo.

A primeira invenção gamética é a redução do número de seus cromossomos à metade. Cada uma dessas células deve se fundir com outra célula, não é? Assim, se os óvulos e espermatozóides maduros mantivessem seu número de cromossomos anterior, a célula resultante teria o dobro do número de cromossomos característico de sua espécie (sim, minha cara, cada espécie tem um número de cromossomos característico e exato; o nosso é 46, caso você agora já tenha esquecido o que um dia aprendemos na escola). Então digamos que isso aconteça com uma pessoa. Um gameta (o óvulo) se funde com outro gameta (o espermatozóide). Se não fosse pelo detalhe da redução cromossômica, cada um deles teria 46 cromossomos. A célula resultante teria 92! Dá para imaginar o desastre? A síndrome de Down é causada por um único cromossomo extra. Imagine a pobre da pessoa que tivesse 46 cromossomos a mais!

Você gostaria que isso acontecesse com você? Não. Nem a mãe natureza. Então, para resolver esse problema, os óvulos e os espermatozóides têm uma divisão celular especial. Nas células "normais", dentro de cada núcleo depois de cada divisão celular há um período chamado de interfase, em que cada dupla hélice se duplica produzindo uma nova cópia de si mesma. Isso se chama replicação do DNA, e ocorre para preparar a célula para a divisão que virá em seguida. Dessa maneira, o número de cromossomos permanece constante de uma geração celular à outra. Mas o caso muda de figura nas células sexuais: seu tipo peculiar de divisão as leva a se dividir duas vezes seguidas sem nunca ter a oportunidade de duplicar seu DNA entre elas (não há interfase entre as duas rodadas sucessivas de mitose). Essa mitose especial chama-se meiose. A meiose só ocorre nos gametas. O resultado, no final, é que nossas células de óvulos e espermatozóides têm apenas 23 cromossomos cada uma. Elas são haplóides, ou 1n. Todas as outras células são diplóides, ou 2n.

Agora você se lembra dos alelos? A divisão cromossômica dos gametas dá aos alelos a oportunidade de se tornar interessantes. Quando a meiose torna os gametas haplóides, ela os faz carregar apenas um cromossomo de cada par, em vez dos dois cromossomos presentes nos núcleos das células somáticas. Isso significa que óvulos e espermatozóides têm apenas uma cópia de cada gene. Quando se fundem um com o outro, e seu caráter diplóide é restaurado, seus cromossomos se misturam, e cada alelo proveniente do pai se junta ao alelo correspondente vindo da mãe, de modo que o novo organismo tem o conjunto completo de duas cópias por gene de que precisa para ser viável. Estamos falando de uma grande precisão aqui. E a coisa incrível é que, em geral, funciona. Quando não funciona, por qualquer uma de muitas razões, vemo-nos diante de um sério potencial para o desenvolvimento de doenças genéticas de todos os tipos. Tenha isso em mente para o final do meu livro, quando começo a questionar Jim sobre seu método teórico para prevenir tais doenças. E vamos em frente.

A segunda invenção vem do fato de que a meiose precisa garantir que a informação carregada pelos cromossomos se torne a mais diversificada possível, de modo a permitir a máxima variedade possível de novos organismos resultantes. Para fazer isso, há um passo preliminar da divisão em que os cromossomos trocam livremente pedaços de suas cromátides um com o outro. Não estou usando metáforas aqui: eles realmente fazem isso! É uma coisa linda de se observar no microscópio, Kitty. Dá arrepios ver a sabedoria da célula em sua ação impecável.

Acontece que, como o mundo inteiro sabe, os dois gametas são muito diferentes um do outro. Os espermatozóides são minúsculos, e geralmente se movem como demônios e nadam como flechas quando as condições são propícias. Para isso, eles têm uma cauda. A cauda é um apêndice acrescentado à célula nas etapas finais de sua maturação. E que apêndice proeminente, senhoras e senhores!

A maturação dos espermatozóides que acabo de mencionar envolve duas transformações principais. Ambas têm o mesmo objetivo, e levam a desfechos complementares: ocorrem para fazer o espermatozóide nadar mais rápido. Eu lhe disse que, em termos gerais e em condições normais, um espermatozóide é uma frenética máquina de nadar. Foi desenhado para ser o mais aerodinâmico possível, de modo a poder alcançar o óvulo depressa e fazer o que um espermatozóide tem de fazer: transferir seu precioso genótipo para dentro do citoplasma do óvulo.

A primeira transformação faz o espermatozóide perder seu citoplasma durante a maturação, de modo que ele fica bem menor e, portanto, pode ser mais facilmente impulsionado para a frente pela cauda. A segunda transformação reduz o tamanho do núcleo: comprime tanto a cromatina de forma que ela geralmente se torna muitas vezes mais densa do que a cromatina condensada de um cromossomo. É a cromatina mais condensada do mundo. É tão completamente amarrada que não pode funcionar de maneira nenhuma. Uma vez dentro do citoplasma do óvulo, ela tem de receber um tratamento fenomenal, orquestrado por moléculas específicas do óvulo, para poder ser utilizável de novo.

O óvulo, ou célula-ovo, é outra história.

Você gosta de ovos malpassados, eu sei. Mas olha, você pediu. Então pare de fazer bico e vamos em frente.

Carta a uma amiga

O óvulo é a maior célula do mundo. Durante a meiose, seu citoplasma cresceu, cresceu e cresceu. Enquanto crescia, armazenava nutrientes para o embrião que estava por vir. Armazenava todo tipo de mensagens nucleares, destinadas a produzir as primeiras proteínas embrionárias. Encheu-se de mitocôndrias, nossas máquinas de energia celulares. E, principalmente, fez o que nenhuma outra célula é capaz de fazer: armazenou conjuntos complexos de instruções de desenvolvimento, as instruções que vão regular o crescimento do futuro embrião e fazê-lo começar a adquirir sua forma correta. Só o óvulo tem esse mapa, Kitty! Só o óvulo! É por isso que o desenvolvimento embrionário precisa de um óvulo para começar. Nada mais servirá, e eu realmente quero dizer *nada*. O caminho do embrião está no óvulo, e só no óvulo. Por que estou me repetindo? Porque, minha cara, é isso que faz dos óvulos a primeira coisa de que precisamos para produzir clones. Também precisamos de um núcleo com sua informação genética, eu sei. Mas o núcleo pode vir de qualquer célula que se escolher. O receptáculo do citoplasma, no entanto, tem de ser um óvulo. De outro modo, você nunca terá um embrião. Nenhuma outra célula na Terra está programada para tornar-se um embrião.

Estou quase acabando com os gametas. As estranhas piruetas de transformação pelas quais eles passam durante sua maturação ao longo da meiose se chamam gametogênese. Os óvulos são armazenados nos ovários, e precisam das outras células ovarianas para sua oogênese. Os espermatozóides são armazenados nos testículos e precisam de células testiculares para sua espermatogênese. Os ovários e os testículos são o receptáculo dos gametas. Os ovários e testículos, então, são as gônadas. Seus ovários são suas gônadas. Trate-os bem.

Além das células sexuais, seu corpo tem muitas outras células, como você pode imaginar. Essas células, a grande maioria das células em qualquer organismo, se chamam células somáticas. *Soma* quer dizer corpo. As células somáticas são as células do seu corpo. Elas não participam da perpetuação da espécie, mas tornam possível que cada um de nós cresça, viva, coma, durma, ame, odeie, prove, vomite, beije, mate, morra.

As células somáticas são de infinitos tipos. Há células hepáticas, células epiteliais, células cerebrais, glóbulos vermelhos, células medulares, células fecais, e assim por diante. O legal é que, embora sejam todas diferentes, todas têm a mesma informação genética, contanto que tenham um núcleo (algumas o perdem em sua vida adulta, como os glóbulos vermelhos dos mamíferos). Está vendo, Kitty, eu lhe disse que, quando uma célula se divide (o que geralmente acontece com freqüência), ela dá origem a duas novas células exatamente idênticas. Cada célula que se divide produz duas cópias de si mesma. Isso acontece porque todas as células em um organismo vieram de uma única célula original, a célula que deu início ao desenvolvimento embrionário no começo da vida do organismo. Assim, no final, pode haver milhões delas. Mas todas têm o mesmo genoma.

Se as células somáticas conseguem dividir a mesma informação, mas são tão diferentes umas das outras, é porque carregar os mesmos genes não significa expressar os mesmos genes. Durante a vida de uma célula, o meio onde ela vive (as células adjacentes e os sinais que circulam entre elas) regula com precisão minuciosa os genes que são expressos a cada momento. E, ao mesmo tempo, outros genes são reprimidos. Assim, guiadas pelo meio em que vivem, as células utilizam funções específicas de seu genoma enquanto ignoram outras instruções. E passam essas mensagens às filhas: as células hepáticas recém-formadas já sabem que são células hepáticas, então não vão agir como neurônios. Se fizessem isso, morreriam.

Mas vamos nos concentrar naquela incrível primeira célula, a célula que deu origem a todas as outras.

Se um espermatozóide tem sorte o bastante para penetrar um óvulo (a maioria morre tentando, e estamos falando de milhões deles), a fertilização começa. A fertilização é espantosa, mulher, absolutamente espantosa. Dá início a tantas mudanças no óvulo que eu poderia escrever sobre elas o dia todo e a noite toda sem nunca lhes fazer justiça. Eu dou aulas sobre isso durante semanas e fico sempre muito, muito longe de descrever tudo o que acontece.

Pense só nisso. O intercâmbio de pedaços de cromátides no começo da meiose só assegurou um pouco de variação genética. Nós somos numerosos demais. Essa variação não basta. A fertilização faz o resto. Foi por isso que a natureza inventou a reprodução sexuada. Isso mesmo, tudo aquilo por que temos de passar para nos reproduzir (você não odeia isso?) foi inventado para assegurar a variação. A variação garante uma diversidade infinita na aparência humana (nossa aparência é o nosso fenótipo, aquilo que vemos no exterior, por oposição ao genótipo, trancado em nossos núcleos). Essa diversidade de fenótipos garante que você nunca vá encontrar você mesma num ponto de ônibus (a não ser que tenha sido clonada, mas isso é outra história). O óvulo trouxe à fertilização metade de seus cromossomos. O espermatozóide trouxe a outra metade. Há centenas de óvulos numa mulher, milhões de espermatozóides num homem. Só o acaso determina que óvulo, com a informação específica adquirida durante sua oogênese, será pareado com que espermatozóide, também com a informação única vinda da espermatogênese. Então você mistura as duas informações. Isso acontece de forma completamente aleatória. Assim, nossos filhos se parecerão conosco, mas nunca serão nossas cópias. Nem sequer mestiços meio a meio. Eles serão únicos. Está vendo? É tão legal!

Até esse momento incrível, o óvulo esteve dormindo para permanecer fresco e poupar sua preciosa energia. Exatamente como a Bela Adormecida antes do beijo do Príncipe. O espermatozóide é o Príncipe. A fusão do espermatozóide com o óvulo é o beijo. O óvulo acorda. Ele fica maluco. Ação, ação, ação, não haverá nada a não ser ação daí por diante, para compensar o tempo de inércia. O núcleo do óvulo muda. Como eu lhe disse antes, o núcleo do espermatozóide também muda. Quando estão prontos para se encontrar, são chamados de pronúcleos. A Srta. Pronúcleo fêmea e o Sr. Pronúcleo macho. Eu lhe disse que o óvulo é enorme. Para se aproximarem, os pronúcleos têm de atravessá-lo completamente em direção um ao outro. Proteínas especiais do citoplasma providenciam um caminho para que façam isso. Os dois pronúcleos se aproximam o máximo possível um do outro, a ponto de às vezes ser difícil distinguir suas fronteiras. Então, finalmente, livram-se de seus conteúdos genéticos separados, misturam-nos alegremente enquanto a cromatina pronuclear se condensa em cromossomos, e aí estamos. O óvulo fertilizado está pronto para se dividir.

Eu lhe disse o quanto as células gostam de se dividir. Mas, nesse caso, não o fazem realmente porque gostam. Elas o fazem porque precisam. Um óvulo fertilizado por um espermatozóide é chamado de zigoto. O zigoto contém o mapa do óvulo para o desenvolvimento embrionário (embriogênese é o termo que devemos usar aqui), e contêm toda a informação genética necessária para caracterizar o indivíduo novo e único. Assim, o zigoto é um embrião em potencial, mas ainda não é um verdadeiro embrião. A embriogênese depende de várias interações diferentes entre várias células diferentes. Assim, para que surja esse novo indivíduo em potencial, o zigoto tem de parar de ser uma célula e se tornar muitas células. É por isso que ele começa a se dividir, e o faz numa velocidade máxima furiosa. Na mosca drosófila, cada uma dessas rodadas iniciais de divisão não leva mais de dez minutos, minha cara, e não se preocupa sequer em criar células verdadeiras, só um punhado de núcleos em multiplicação, todos dividindo o mesmo citoplasma. Dá para imaginar? Uma das coisas que tornam essas primeiras divisões tão velozes é que as células resultantes não têm de crescer entre as divisões (ah, sim, essas células resultantes chamam-se blastômeros). Elas só vão ficando cada vez menores. O resultado disso é que, quando essa primeira explosão de atividade embrionária termina, você tem um amontoado de mais de cem células. Mas esse aglomerado não é maior, em tamanho, do que o zigoto original.

Esse aglomerado chama-se blástula, exceto nos mamíferos, no quais se chama blastócito. É sim, sempre somos especiais. No entanto, nesse caso, nossa diferença é apenas uma conseqüência do fato de os mamíferos, ao contrário de todos os outros animais, terem uma gestação interna. Eles crescem dentro do corpo de suas mães. Espertinhos. Parasitas sem-vergonha. Fazem suas pobres mães engravidarem. Sabem que seus embriões estão mais seguros ali do que em qualquer outro lugar do planeta.

A fase da rápida divisão celular sem crescimento que ocorre entre o zigoto e o blastócito chama-se clivagem. Depois da clivagem, o embrião se implanta no útero da mãe, a gravidez começa e... adivinhe. A aula terminou, meninos e meninas!

O que você achou dessa introdução à fertilização?

Nada demais, hem?

Muito bem, agora vamos examinar o cenário por trás da ovelha mais famosa do mundo.

Em primeiro lugar, vamos estabelecer o significado de "clonagem".

Aplicada às plantas e aos animais, a "clonagem" é uma técnica que implica "a produção de cópias de organismos preexistentes". Essa técnica é baseada em um de nossos princípios básicos da introdução à fertilização: todas as células de um organismo carregam em seus núcleos exatamente a mesma informação genética. Só para lhe dar uma idéia de que tipo de números estamos falando, um organismo humano adulto – ou seja, alguém como a sua adorável pessoa – tem aproximadamente 100 trilhões de células. Isso é 10^4, minha cara. Mesmo assim, em todas as células do seu lindo corpinho, a informação nuclear é sempre uma cópia exata da informação que existia em seu único zigoto.

Assim, em teoria, se quisermos obter cópias verdadeiras do seu cachorro, tudo de que precisamos para começar é um óvulo de cachorro. Um óvulo, Kitty! Está lembrada? Nada a não ser um óvulo, pois nenhuma outra célula tem o conjunto de instruções necessário para organizar a embriogênese. Esse óvulo poderia vir de qualquer cadela. É o núcleo que transferiremos para ele que teria de vir do corpo do seu cachorro.

Aqui, devo lembrar a você uma lei biológica muito importante: não podemos clonar nosso cachorro usando óvulos de nosso gato, porque o núcleo e o citoplasma do óvulo precisam "falar a mesma língua". Se tentarmos misturar duas espécies completamente diferentes, o núcleo usará uma língua e o citoplasma usará outra. Conseqüentemente, essas duas entidades fundamentais da célula não vão se entender. Assim, o desenvolvimento será abortado logo no começo, mesmo que tente começar, porque estará se baseando em um diálogo sem sentido.

Ah, posso ouvir você suspirando que devo ter vivido na Lua durante os últimos anos. A mídia não esteve repleta de histórias estranhas sobre núcleos de uma espécie transferidos para óvulos de outras? Núcleos de macaco em óvulos humanos? Núcleos humanos em óvulos de rato? Ou qualquer outra coisa assim?

É, você pode ter ouvido relatos desses "clones" híbridos, nos quais o núcleo de uma cabra foi colocado no óvulo de uma ovelha e coisas assim. Mas cuidado: esses "clones" não são o que você pensa. Não foram produzidos para dar origem a animais vivos. Nenhum desses famosos "embriões" jamais se desenvolveu até o fim, porque não haviam sido feitos para isso. Se nosso objetivo é produzir nascimentos vivos, então nenhum desenvolvimento nos mamíferos tem a menor importância antes do estágio do blastócito, o estágio em que o embrião deixa de flutuar livremente na trompa da mãe e se implanta em seu útero.

O nível de atividades celulares necessário para os passos do embrião anteriores ao blastócito é simples o bastante para permitir misturas estranhas. No entanto, assim que começa a implantação, a história muda drasticamente de figura. As células têm de começar a efetuar atividades com um nível de complexidade muito mais alto. Antes disso, como eu disse a você, elas estavam apenas crescendo. Agora precisam invadir o útero, formar um ninho ali, e dentro desse ninho os primeiros tecidos embrionários precisam começar sua diferenciação (ei, que bom que eu pensei em falar nos tecidos antes!). Assim, depois de chegarem à fronteira crítica do blastócito, os clones híbridos estão fadados a morrer.

Aliás, embriões híbridos desse tipo são chamados de xenoplásticos, se você quiser dar a impressão de entender do assunto. Geralmente são criados para investigar diferentes funções celulares que exigem trocas precisas entre o citoplasma e o núcleo. E hoje muitos cientistas estão tentando usá-los para produzir culturas de células que expressem produtos genéticos de interesse comercial para um grande número de aplicações, da agricultura à medicina.

Agora escute, os experimentos xenoplásticos podem realmente levar ao nascimento de organismos viáveis em algum ponto do futuro. Mas isso nunca vai acontecer de forma aleatória. Sempre teremos de usar núcleos e óvulos de espécies muito próximas. Por exemplo, o auroque, hoje extinto ancestral de todos os bovinos domésticos, deve ter seqüências de genes fossilizadas que poderiam um dia ser transferidas para óvulos de vacas, de modo a produzir espécies de gado novas e mais vigorosas. No entanto, desenvolvimentos desse tipo ainda são um sonho distante.

Certo, voltemos à nossa história. Íamos clonar o seu cachorro, e tínhamos um óvulo de cadela pronto para ser usado.

O que fazemos?

Removemos o núcleo do óvulo, que se torna assim enucleado, ou seja, desprovido de informação genética. Todos os cromossomos foram embora. Há várias maneiras de enuclear óvulos. O método universalmente escolhido, por ser o mais seguro e o menos traumático para a célula, é a aspiração dos cromossomos por micromanipulação. Você põe um óvulo em um minúsculo cateter de aspiração ao mesmo tempo que fura delicadamente sua superfície, e aspira o núcleo com uma pipeta especial. Se feita corretamente, essa microcirurgia não machuca a célula (no entanto, você precisa matar centenas de células antes de aprender a fazer isso). E o furo na superfície se fecha imediatamente.

Então pegamos qualquer célula do seu cachorro. Como eu disse, teoricamente qualquer célula somática serviria, já que todas as células somáticas têm exatamente a mesma informação genética. No entanto, não gostamos de fazer esforço a não ser que sejamos obrigados. Assim, procuramos as células mais fáceis de se obter. Então, digamos que escolhemos células epiteliais, ou de uma membrana mucosa (oral, vaginal, nasal, qualquer uma).

Em seguida, isolamos o núcleo daquela célula (mais uma vez, há várias maneiras de se fazer isso), e transferimos esse núcleo para dentro do óvulo enucleado.

Agora temos um óvulo com um núcleo que contém o número normal de cromossomos (ao contrário do núcleo do óvulo que, se você ainda se lembra, era haplóide). Embora o termo seja ligeiramente incorreto, em geral nos referimos a essas combinações de núcleo somático e citoplasma de óvulo como zigotos: afinal, eles são parecidos com zigotos. Para todos os efeitos, cada uma dessas combinações é um óvulo pronto para se desenvolver, com o programa completo do desenvolvimento embrionário que só existe no citoplasma do óvulo. E esse programa agora está completo, com um núcleo funcional, com o número correto de cromossomos para aquela espécie. O pulo do gato da produção de clones em laboratório, em relação aos zigotos produzidos pela fertilização, é que esse núcleo carrega a informação genética do seu cachorro. Arrá!

Agora precisamos ativar artificialmente esse zigoto para que ele inicie seu programa de desenvolvimento. Em condições naturais, o encontro do espermatozóide e do óvulo desencadeia a ativação do óvulo (lembre-se da minha romântica comparação com a Bela Adormecida). No laboratório, há várias maneiras de "imitar" esse efeito. Aquela usada com mais freqüência é a aplicação de pulsos elétricos curtos.

Enquanto isso, precisamos dar a esse novo embrião um meio no qual ele possa se desenvolver e se dividir. Esse meio deveria ser similar ao meio que os jovens embriões de mamíferos encontram na trompa materna. Assim, colocamos nossa mistura em um meio de cultura: uma solução de crescimento apropriada contendo os nutrientes, sais minerais e vitaminas necessários para tornar o clone "feliz" e para fazer com que continue a se desenvolver. Normalmente, se a clivagem ocorre conforme o previsto, esperamos até que o novo embrião atinja o estágio de oito ou 16 células.

Então temos de transferir o embrião para o útero de uma cadela, que funciona como "mãe adotiva". Você provavelmente sabe mais ou menos como funcionam esses procedimentos, já que eles são parecidos com o que é feito em clínicas de fertilização *in vitro*, quando os embriões humanos são transferidos para os úteros de suas mães. Para fazer com que essa operação seja bem-sucedida, a cadela deve ser previamente tratada com hormônios para que, na hora da transferência, esteja em uma condição hormonal equivalente à do início da gravidez (isso se chama uma fêmea pseudográvida). Nesse ponto, precisamos que a implantação do embrião no útero dessa cadela dê certo. Essa é uma das fases do processo na qual deparamos sistematicamente com uma infinidade de problemas não resolvidos. Em seguida, precisamos que a gravidez corra sem problemas. Esse também é mais um estágio em que muitas vezes encontramos várias limitações. Como sabemos com base na "vida real", uma gravidez nem sempre chega até o fim sem problemas.

Mas sejamos otimistas. Vamos supor que consigamos superar todos esses obstáculos assustadores. Conseguimos? Ai, meu Deus. Pronto. Vai nascer um cachorrinho. E esse cachorrinho vai ser a cópia do seu cachorro!

Embora eu tenha dado o exemplo do cachorro, que eu saiba isso nunca foi feito com cães.

Não, cale a boca. Você não sabe de nada, minha cara. Aquele ricaço do ano passado ainda não clonou o cachorro dele. Algumas pessoas vêm trabalhando nisso seriamente nos últimos tempos, já que o cara está oferecendo muito dinheiro. Mas, enquanto escrevo esta carta, nenhum resultado foi obtido. Só podemos considerar um "sucesso" o nascimento de organismos vivos, saudáveis, viáveis e férteis. Muitas vezes acontece de animais clonados chegarem ao fim da gravidez, pisarem no chão, mas logo depois morrerem. Esses desafortunados filhotes geralmente apresentam sinais claros de que algo deu errado,

Carta a uma amiga

como tamanho excessivamente grande, problemas pulmonares ou um coração que não funciona direito. Supomos que esses problemas sejam causados pelos estágios da manipulação, logo no início do processo: é possível que algo no meio de cultura, ou algo ligeiramente errado com nossos métodos de aspiração, condicione uma expressão genética deletéria muito mais adiante no processo. Digo isso porque a clonagem é a técnica de reprodução que envolve o maior número de etapas *in vitro*, e é na qual encontramos o maior número desses nascimentos inviáveis: condições defeituosas em neonatos são detectadas em até 50% dos clones nascidos, comparadas com 10% nas fertilizações *in vitro* (foi necessário um número menor de manipulações para produzir o zigoto e fazê-lo iniciar a clivagem) e de 1 a 0,002% nas gestações naturais, dependendo da espécie e da equipe que está transmitindo as estatísticas (não houve nenhuma manipulação). Com essas limitações em mente, eis a lista global até o presente momento: até hoje, a clonagem de mamíferos só foi bem-sucedida em coelhos, cabras, ovelhas, ratos, vacas e UM porco.

Aqui você já pode perceber uma das grandes mentiras que foram transmitidas ao público depois do nascimento de Dolly. Embora tenha sido clonada por um método um tanto inovador, Dolly não foi de modo algum a primeira ovelha nascida por meio da clonagem. Quando ela nasceu, ovelhas já eram clonadas havia mais de dez anos. Na verdade, foram os primeiros mamíferos a chegar à publicação, para desolação de um punhado de outras equipes que estavam prestes a relatar sucessos com vacas (e, por coincidência, a equipe que conseguiu o furo também era do Reino Unido!).

Sou tão esperta, irmã. Essa foi uma grande deixa para que eu passasse a explicar esse método inovador. Não, não, eu não estou sendo insuportavelmente técnica com você. Tenho de lhe falar do método, porque o método é muito importante. Embora raramente tenhamos ouvido falar dele na mídia, o método é um detalhe de grande importância, já que é nele que reside a inovação do nascimento de Dolly.

Eis a história:

Normalmente, os núcleos usados para a clonagem eram núcleos de células embrionárias (na maioria dos casos, embriões de 32 células), e não de células adultas. Os cientistas usavam esses núcleos de blastômeros porque os blastômeros são mais jovens e, portanto, seus núcleos têm mais chances de reagir bem ao novo meio no qual de repente se vêem inseridos (o citoplasma do óvulo, por oposição ao do próprio blastômero). Uma vez que o isolamento dessas células embrionárias é um processo traumático, e uma vez também que os núcleos isolados são muito "aderentes" (o que significa que tendem a grudar no vidro da micropipeta que usamos para efetuar a transferência), os cientistas geralmente fundem o óvulo enucleado com o blastômero inteiro que continha o núcleo com a informação genética que pretendíamos usar. Os blastômeros, em geral, têm muito pouco citoplasma; e eles supunham que essa pequena bolha de citoplasma não interferiria negativamente no citoplasma do óvulo. Ao fazer isso, no entanto, como em muitos outros aspectos da clonagem, eles estavam de certo modo bancando os aprendizes de feiticeiro. Até hoje não sabemos realmente o que aquele pedacinho de citoplasma estranho faz com o óvulo.

Além disso, já que o núcleo transferido vinha de um embrião com pouco tempo de vida, os cientistas não sabiam qual seria a aparência do clone adulto.

Dolly, ao contrário, foi copiada pela primeira vez de uma célula somática adulta.

Ainda está conseguindo me acompanhar, minha linda? Fique ligada, porque agora vou falar sobre as vantagens de se usarem as células de um adulto quando tentamos clonar mamíferos.

Em primeiro lugar, quando a origem de nossos núcleos era apenas um embrião, e não um adulto, os cientistas nunca poderiam saber que tipo de adulto resultaria de sua tentativa de clonagem. Portanto, não tinham como saber se ele teria as características que estavam tentando obter. Eles normalmente criavam centenas de clones com esses núcleos, mas transferiam apenas alguns para a mãe adotiva. Os embriões restantes eram armazenados em recipientes de nitrogênio líquido. Essa é a melhor maneira de se preservarem embriões, semelhante à técnica usada para a conservação de sêmen para inseminação artificial que vem sendo usada com sucesso desde os anos 50 (ainda não há notícia de o sêmen ter se tornado inativo com o tempo, embora tenhamos de levar em conta o fato de a experiência só estar sendo conduzida há cinqüenta anos).

Carta a uma amiga

Se os clones nascidos servissem a nossos propósitos, eles descongelavam e transferiam os embriões congelados restantes. Mas, se os "clones de amostra" não tivessem as propriedades requeridas, eles eram obrigados a começar todo o processo de novo. Agora, imagine tentar vender essa técnica de tentativa e erro para o setor agrícola. Sem falar na frustração das próprias pessoas.

Com células adultas, esse problema não existe mais, já que elas são retiradas de um organismo adulto e, portanto, os cientistas já sabem se esse organismo é "bom" ou não, dependendo do que querem dele. A clonagem ainda é cheia de tentativas e erros, mas ao menos esse problema fica resolvido. Clonar adultos é muito melhor para a pesquisa celular. E é muito mais rápido e barato e, portanto, muito mais lucrativo para as empresas.

Além disso, se forem usados núcleos de células embrionárias, os embriões precisam ser aspirados das trompas de Falópio, ou oviduto (o canal que liga os ovários ao útero), de uma fêmea grávida que tenha sido tratada com hormônios antes da cópula para que houvesse superovulação, ou seja, a produção de mais óvulos por ciclo do que a quantidade normalmente produzida na espécie. Esses procedimentos levam tempo, são complicados, e nunca produzem um número ilimitado de células. Além disso, os embriões são criaturas delicadas que exigem muitas precauções adicionais para serem mantidos vivos em laboratório.

Por outro lado, usando as células de um adulto, as pessoas podem tirar a sorte grande e gerar suprimentos inesgotáveis. Ah, podem sim. Sabe por quê? Porque as células somáticas podem ser colocadas em cultura. Os cientistas podem separar cada célula, colocar cada uma em uma placa de Petri com o meio adequado na temperatura certa, e a colônia de células assim obtida continuará a se multiplicar.

O ideal, para os cientistas, seria usar essas células para criar as chamadas linhagens imortais. Há culturas de células de origem humana, como a linhagem HeLa, que vieram originalmente de uma pessoa morta há muito tempo; ainda assim, continuamos a usá-las todos os dias para as mais variadas experiências. No entanto, as pessoas nem sempre têm tanta sorte com nossos projetos imortais. Há linhagens de células "imortalizáveis", a saber, pela adição ao meio de cultura de vírus oncogênicos que modificam as células de modo a que nunca parem de se dividir (é por isso que também podem causar algumas formas de câncer). Ainda assim, nem todas as células são capazes de fazer isso e, conseqüentemente, há muitas linhagens de cultura cuja expectativa de vida é mais ou menos limitada.

De qualquer modo, sempre que conseguimos manter células vivas em cultura, estamos prontos: podemos usar a cultura para coletar núcleos toda vez que precisamos produzir uma nova leva de clones. Não há mais problemas com embriões frágeis de fêmeas superovuladas.

Foi isso o que a equipe escocesa de Ian Wilmut fez com Dolly, e foi a única coisa nova (mesmo que tentativas similares tenham sido feitas por muitos anos em vários laboratórios). Em vez de células embrionárias, eles obtiveram os núcleos de uma cultura de células das glândulas mamárias de uma ovelha adulta. Isso foi importante, já que é um passo à frente para viabilizar a clonagem de mamíferos; mas não era uma idéia nova. Você também não deve esquecer que todos os métodos usados depois desse único passo seguiram a rotina habitual: fusão dessas células com os óvulos enucleados; desenvolvimento inicial dos clones resultantes em laboratório; transferência dos clones para o útero de uma ovelha pseudográvida etc. Foi por isso que, no início, realmente tivemos dificuldade em entender por que as pessoas ficaram tão perturbadas com Dolly. Não estávamos considerando a situação global (está bem, talvez não quiséssemos fazer isso). Estávamos considerando a técnica, e pensávamos que, por mais promissora que fosse, ainda era bastante banal. A mesma coisa de sempre para nós, cabeças de clone.

Mas deixe-me dizer-lhe quanta coisa mudou desde então. Para começar, ninguém mais usa blastômeros para a transferência embrionária. Quando o fazem, na maioria dos casos, utilizam-no como um método consagrado usado para controlar a precisão da técnica. O uso de células somáticas adultas tornou-se tão difundido que podemos até diferenciar dois tipos de equipes de clonagem: as que trabalham a partir de células somáticas adultas e as que trabalham a partir de células somáticas fetais.

· O primeiro grupo é praticamente inexistente nos Estados Unidos. Há laboratórios usando células adultas na França, na Nova Zelândia e principalmente no Japão, onde o governo decidiu recentemente dar tamanho impulso a essa linha de pesquisa que, de repente, todo mundo parece estar fazendo a mesma coisa: clonando bovinos a partir de células adultas. Isso faz sentido quando a maior prioridade é copiar animais preexistentes de grande valor econômico. No Japão, esses animais são particularmente relevantes na indústria da carne. Um boi morto vendido nos Estados Unidos por seiscentos dólares será vendido no Japão por 6.000 dólares. Isso acontece porque raças de gado muito específicas produzem carne com características muito precisas, e essas características são inestimáveis para alguns pratos de enorme popularidade na culinária japonesa. Comer não é apenas ser alimentado, minha cara.

Nos Estados Unidos, por outro lado, a mina de ouro financeira não parece estar localizada na cópia fiel de um genótipo preexistente (ei, talvez as pessoas deste país prefiram ser alimentadas a simplesmente comer). Aqui, as pessoas estão sobretudo interessadas na engenharia genética de núcleos transferidos de embriões que servirão a um vasto leque de aplicações comerciais diferentes (você pode ler sobre isso no próximo capítulo). Assim, eles se concentram em clonar a partir de células somáticas fetais: elas são mais maleáveis, adaptam-se com mais facilidade a novos ambientes e, quando em cultura, têm tendência a viver mais.

Neste ponto, é mais provável que você esteja se perguntando por que temos todo esse trabalho. Não é? Quais são os benefícios da clonagem de animais? Os animais estão tendo dificuldades para se reproduzir sozinhos?

É claro que não.

Mas olhe só essa lista de novas vantagens!

Primeira.

É muito mais barato manter embriões congelados em nitrogênio líquido do que manter rebanhos de gado. Isso significa também que a terra usada como pasto poderia ser usada para outras coisas, incluindo aqueles santuários naturais de que você, que aprecia a natureza, tanto gosta.

Segunda.

Podemos escolher para nossos clones os animais com as características nas quais estamos mais interessados: os que produzem mais carne, mais leite ou mais lã; os que resistem às doenças mais comuns à sua espécie; os melhores reprodutores; os mais rápidos ou os mais fortes, o que é relevante em muitos casos, como no dos cavalos ou no dos cães de caça ou de corrida.

Terceira.

Isso está mais para ficção científica (e o que não está?), mas poderia ser feito. No caso de uma epidemia que matasse grandes quantidades de gado, sempre poderíamos ter um grupo novo guardado no freezer para substituir os animais mortos. E poderíamos esperar até a completa erradicação da "epidemia" para produzi-los.

Quarta.

No caso das espécies em risco de extinção, a clonagem é a maneira mais eficiente de se garantir que elas não sejam extintas: mais uma vez, temos vários clones de espécies raras preservados em nitrogênio líquido, e podemos escolher cuidadosamente o momento e o lugar para fazer esses embriões crescerem. Um campo novinho em folha para a biologia, e imagine só as possibilidades, querida! Será que seu quintal dos fundos é quente e seco o bastante para que guepardos clonados vivam felizes? Eles são lindos, não é? E estão quase extintos, porque estão se tornando cada vez mais estéreis devido à endogamia na natureza. Então vá em frente. Só lembre-se de que vai precisar de um rebanho considerável de zebras para alimentar suas feras. Divirta-se.

Quinta.

Graças à engenharia genética, podemos produzir, por exemplo, animais que secretem em seu leite ou em seu sangue as vitaminas, proteínas ou antibióticos de que precisamos. Se levarmos essa idéia um passo além e clonarmos esses animais transgênicos, teremos acesso permanente e garantido a produtos que, de outro modo, poderiam se tornar perigosamente raros, ou que são hoje em dia ridiculamente caros devido ao alto custo de sua produção.

Está impressionada?

Mas, se a coisa fosse toda assim tão cor-de-rosa, por que tantas pessoas estariam tão desconfiadas de um futuro global com animais clonados?

Kitty, eu confesso: tudo pareceu cor-de-rosa porque eu só estava lhe mostrando a parte cor-de-rosa. Se você quiser ter uma idéia de como isso poderia ficar complicado, apenas pense em outra vantagem que não estava na minha lista, mas que desde o início foi repetida muitas vezes por pesquisadores da área: a esperança de que a clonagem de animais domésticos seria uma grande vantagem para os países pobres, e para os agricultores pobres em geral. Um bom número de colegas meus ficam realmente furiosos quando ouvem isso.

A opinião deles é que os agricultores pobres e as economias que eles representam serão dizimados pelas técnicas de clonagem. Eles argumentam que, se a clonagem se tornar tecnicamente viável, será um grande sucesso para o negócio agrícola e permitirá a fabricação de um produto tão barato que tornará o mercado inviável para o pequeno produtor; e isso diz respeito também aos agricultores americanos. É verdade que haveria mais lã, mais remédios ou mais leite, dizem eles, mas isso não beneficiaria os produtores em pequena escala. Por exemplo, imagine que a Rosalyn gaste US$20 por quilo para criar ovinos para obter sua lã. Enquanto isso, auxiliada por técnicas de clonagem, a Sheep Cop de Queensland gasta apenas US$2 pelo mesmo quilo. Qual lã será mais barata? Que lã os fabricantes irão comprar? Será que os produtores locais não estão fadados a fabricar produtos apenas para o mercado turístico?

Já que comecei a falar em grandes empresas, deixe-me esclarecer outro dilema complicado. Ele tem que ver com as patentes das novas técnicas ou dos novos reagentes laboratoriais. Esse problema não é exclusivo da clonagem, uma vez que está presente no caso de todas as áreas da cada vez mais industrializada indústria biológica da nossa época. No entanto, pelo fato de a clonagem prometer lucros comerciais tão atraentes em aspectos tão variados quanto a indústria da carne, a produção de farmacêuticos, o uso de células de porco para transplantes cerebrais ou as técnicas idealizadas da regeneração de órgãos, as patentes têm tido imensa importância nessa área.

É claro que as patentes são ótimas para a indústria. Se sua empresa tem a patente de um certo meio de cultura que impede a morte de neonatos em gado, todas as outras pessoas que quiserem usar esse meio têm de pagar a você. Quanto mais ampla a patente, maior a receita: se você for rápido e astuto o bastante para fazer uma patente que abranja todos os animais, para todos os tipos de célula, com todos os seus genes modificados pela engenharia genética, vai poder comprar uma ilha no Pacífico Sul, construir um palácio em meio à vegetação tropical e levar a vida na flauta em grande estilo pelo resto de sua vida e por muitas gerações futuras. O argumento a favor disso é que é preciso coragem, grandes idéias e uma quantidade enorme de trabalho manual para chegar a uma dessas descobertas: se a sua empresa for intrépida o bastante para percorrer todo esse caminho sem nenhuma garantia preliminar de que haverá uma recompensa no final, então a sua empresa merece todos os bilhões que conseguir juntar com suas patentes. Muitos cientistas argumentam inclusive que o atrativo do dinheiro das patentes é o único incentivo real para que as empresas invistam em suas pesquisas. Eles vão lembrar-lhe de que estamos falando de pesquisas caras e trabalhosas, muitas vezes condenadas a se estender por décadas a fio sem nenhum resultado tangível à vista, pesquisas que de outro modo jamais seriam financiadas.

O argumento contrário é que as patentes causam um curto-circuito no que deveria ser um dos princípios tácitos do progresso da ciência: a regra da livre circulação das informações depois de serem publicadas. A relutância em compartilhar resultados, e até mesmo idéias, já está afetando a biologia moderna. Como você pode facilmente prever, quanto menor o laboratório, mais essa situação ameaça sua sobrevivência. Sob o controle de grandes empresas, a biologia pode muito bem se tornar uma disciplina árida e tediosa dentro de dez anos. E os biólogos dos países pobres perderiam completamente sua liberdade, porque poderiam não ter escolha a não ser trabalhar no que quer que as gigantescas corporações multinacionais decidam ser bom para os negócios em determinado momento. No entanto, o pior efeito colateral da tendência atual continua a ser que o fato de não compartilhar informações tornará o progresso da biologia muito mais lento.

Ah, minha linda. Nada nunca é simples. Por mais que inventemos coisas novas, há sempre um preço a ser pago. E nem sequer começamos a falar em clonagem humana.

Você mal podia esperar para chegar a essa parte, não é?

Em primeiro lugar, deixe-me tentar acalmá-la a respeito da clonagem de seres humanos. Ao contrário da maioria das pessoas respeitáveis, eu não acho que devamos ter tanto medo disso. Não acho necessariamente que clonar humanos seja a melhor idéia que já surgiu no mundo. Mas certamente acho que isso é motivo para bem menos preocupação do que parece. Se não por outros motivos, pelo menos porque não há nenhuma razão convincente para temer um futuro

Carta a uma amiga

próximo cheio de clones humanos. Clonar seres humanos não vai ser tão simples quanto parece a princípio. Cada espécie exige protocolos de clonagem diferentes, e ninguém nunca estudou os requisitos específicos da clonagem de seres humanos. Por favor, não me venha com conversas sobre loucos em seus porões. A teoria do "cientista malvado que trabalha em segredo" não se sustenta por duas razões simples.

Razão número um: por mais malvados que sejam, os cientistas não podem mais trabalhar em segredo. Eles precisam da colaboração de centenas de colegas de outros laboratórios, porque a quantidade de informação exigida hoje em dia é muito maior do que a que uma única equipe pode obter.

Razão número dois: as pessoas normais só entram em aventuras assim se essas aventuras forem financeiramente lucrativas. E a clonagem ainda não é financeiramente lucrativa. Pior ainda: nem sequer é industrialmente viável ainda.

Não, querida, não é. As empresas de clonagem certamente gostariam que fosse. Mas todos nós gostaríamos de ser ricos e magros. Toda vez que alguém gasta muito tempo e dinheiro para clonar quinhentos embriões de vaca, terá sorte se quinhentos bezerros nascerem. Em 1990, uma empresa de clonagem bovina chamada Granada produziu oito clones da mesma vaca, e esse ainda é o maior número de clones viáveis jamais produzido.

Não é nenhuma surpresa que a maioria das empresas desse tipo, surgidas em meados dos anos 80 com grande alarde, mas que tinham poucas opções a não ser tentar produzir um número cada vez maior de animais copiados, estejam hoje falidas. E elas faliram exatamente porque essa armadilha da morte maciça de embriões ainda não foi resolvida, e ninguém entende de onde está vindo o problema. Para que Dolly nascesse, a equipe de Ian clonou 434 zigotos: 433 cópias não deram em nada. Até hoje, essa taxa de mortalidade faz com que seja impossível transferir a clonagem de gado do laboratório para o "mundo real". Assim, nenhuma equipe de ginecologistas, por mais que não tenham limites e por mais que sejam egoístas, começaria a clonar embriões humanos amanhã, investindo em nada mais do que um número substancial de pessoas copiadas. Eles hoje sabem que perderiam fortunas, que os acionistas puxariam a corda e que tudo terminaria com uma falência. Graças à clonagem que realizamos em laboratório, estamos aprendendo muito sobre vários mecanismos básicos da biologia celular e da biologia do desenvolvimento; mas essas são áreas da ciência básica, e não da ciência aplicada. A ciência aplicada exige enormes investimentos financeiros de grandes empresas; e, hoje em dia, depois das falências de que falei, as grandes empresas estão muito mais cautelosas em relação à clonagem. É bem verdade que o nascimento de Dolly deu novo fôlego aos investimentos, mas dessa vez os investimentos estão mais focalizados na produção de colônias de células clonadas para isolar moléculas farmacêuticas. Animais clonados são um negócio arriscado no atual estado das coisas, e certamente não são o tipo de negócio que as empresas estão procurando. Podemos culpar as grandes empresas por todo tipo de carências intelectuais, mas certamente não por ignorar as lições do passado. Nos anos 80, elas tentaram ganhar dinheiro clonando animais. Fracassaram. Sabiamente, corrigiram seus objetivos.

Então, teoricamente, se um dia resolvermos esse problema de mortalidade, a clonagem de seres humanos sem dúvida seria possível, se não agora mesmo, pelo menos mais tarde. A clonagem de seres humanos seria problemática? Certamente. Mas essa é a razão pela qual essa questão deve ser debatida, de modo que se possa chegar a acordos, implementar leis e tomar medidas. De preferência antes, e não depois do fato consumado. Mas ninguém pode entrar nesse debate sem antes estar muito bem informado. E, quando o assunto é clonagem, não acho de maneira nenhuma que o público tenha sido bem informado.

Olhe, eu me lembro de ter ouvido na CNN que Dolly era o primeiro mamífero (não era sequer a primeira ovelha!) a ser clonado no mundo. Depois de tudo o que eu já disse, espero que o absurdo dessa baboseira não precise de maiores esclarecimentos. Então, se os mamíferos já são clonados há tanto tempo, por que será que parecemos entender tão mal o que estava acontecendo quando a notícia de Dolly surgiu? E por que ninguém se preocupou em dar crédito ao único detalhe realmente inovador da história de Dolly, o uso de células somáticas da glândula mamária? E, sobretudo, por que não explicar para o público que o uso de uma célula somática para a clonagem era uma verdadeira revolução em nosso conhecimento básico de biologia celular? Porque costumávamos pressupor que apenas núcleos embrionários muito jovens, tirados de embriões nos estágios mais básicos da embriogênese, poderiam ser suficientemente plásticos para ser reprogramados: só esses jovens núcleos seriam flexíveis o bastante para mudar o rumo de sua atividade e começar o programa de desenvolvimento do zero ao serem transferidos para o citoplasma do óvulo. Se até mesmo núcleos somáticos maduros podem fazer isso, então temos de reescrever nossos livros didáticos. Temos de nos conscientizar de que a maioria dos núcleos é mais acrobática do que pensávamos, e que o programa de desenvolvimento no citoplasma do óvulo é ainda mais poderoso do que imaginávamos. Acabamos de aprender uma grande lição de biologia celular. Embora você não tenha ouvido essa parte da história, foi essa a importância de Dolly para nós.

Acabei, Kitty! Você se divertiu? Eu certamente me diverti. Você tem de admitir que esse negócio é mesmo um barato. Eu só queria que todo mundo ouvisse falar em clonagem humana e ficasse tão interessado em biologia celular quanto você ficou. Mas eu acredito nas pessoas. Acredito que esse dia vai chegar.

Um beijão
Clara

CAPÍTULO II

Perguntas mais freqüentes

Neste ponto, vocês devem estar se sentindo frustrados, e com toda razão. Leram minha carta para Kitty do começo ao fim. Foram pacientes. Mas agora estão se sentindo enganados. Por que eu contei a ela tão pouco sobre aquilo que obviamente vem interessando mais as pessoas, a infame clonagem de seres humanos? Bem, fiz isso de propósito. A clonagem humana é sem dúvida um tema de muito apelo, e certamente há muito a ser dito a respeito. No entanto, as perguntas feitas com mais freqüência nessa área são, na maioria das vezes, perguntas falsas. Embora tenhamos de debater os clones humanos, até agora nosso debate tem sido bem insignificante. Vejamos.

1. "Vamos acabar vivendo em um mundo povoado apenas por clones?"

Quando pensamos em um mundo repleto de cópias de nós mesmos, estamos pensando de maneira implícita que houve um imenso investimento financeiro para produzir novos adultos vivos, em vez de produzir apenas novas células de adultos vivos que já existiam. Espero que já esteja claro que, antes de a clonagem tornar-se economicamente viável, está completamente fora de cogitação que ela seja factível com seres humanos. No mínimo por motivos econômicos, como vimos em minha carta para Kitty. Não há como superar essa limitação, pelo menos em níveis que sejam de fato estatisticamente significativos em termos sociais.

O que quero dizer com estatisticamente significativos? É simples. Hoje, assim de supetão, por que alguém iria querer um clone de si mesmo? Antes de haver avanços na medicina que nos permitam clonar a nós mesmos para rejuvenescer nossos órgãos debilitados (falarei sobre isso mais adiante), no final das contas não consigo pensar em nenhuma razão para um homem ou uma mulher querer clonar a si mesmo a não ser a vaidade. Então digamos que temos um milionário vaidoso que quer ser clonado.

E daí?

Se um milionário excêntrico, ou mesmo dois, ou mesmo dez, ou mesmo mil... imaginem. Se mil pessoas com muito dinheiro e ainda muito mais ego decidissem contratar um esquadrão de cientistas, criar um laboratório fabuloso e não parar diante de nada até obterem seus próprios clones, será que mil indivíduos clonados fariam algum tipo de diferença comparados aos quatro ou cinco bilhões de pessoas que vivem no planeta?

2. "A clonagem não tornaria os homens desnecessários? Será que os homens já não teriam mais nenhum papel na reprodução?"

Isso é uma gracinha, sabem? Essa pergunta nos diz muito sobre nossas próprias psiques. Todas as vezes que ouvi tais dúvidas serem levantadas na mídia, foram sempre na boca de jornalistas homens. De que os homens têm tanto medo? Calma, rapazes, sempre haverá um papel para vocês. Os machos só se tornariam "desnecessários" se, por alguma razão completamente idiota, decidíssemos que gostaríamos de viver em um mundo povoado apenas por mulheres. Enquanto quiséssemos que os homens fizessem parte da população humana, por mais clonada que fosse essa população, sempre precisaríamos de genótipos masculinos toda vez que quiséssemos dar vida a um novo homem. E os genótipos masculinos só existem em homens. Aquele pequeno cromossomo Y não pode ter nenhuma relação com fêmeas – ele as transforma em machos imediatamente, mesmo nos casos extremamente raros de distúrbios genéticos nos quais há apenas um cromossomo Y enfrentando, sozinho, cinco cromossomos X. Assim, os homens sempre precisariam estar por perto para que pudéssemos cloná-los.

É claro que não teríamos mais nenhuma necessidade de viver com homens, contanto que tivéssemos linhagens imortais de células masculinas em cultura. Simplesmente usaríamos essas células para dar vida a homens quando precisássemos deles. Mas por que recorrer a culturas se podemos ter à nossa disposição um suprimento infinito de amostras vivas? Além disso, todas as células em uma cultura têm o mesmo genótipo. Assim, todos os homens criados a partir delas seriam iguais. Será que realmente queremos isso? Mesmo que as culturas tivessem o genótipo do Mel Gibson? Que tédio, senhoras.

3. "E se um ditador louco clonasse a si mesmo?"

Parece-me que esse tipo de raciocínio não resiste a uma abordagem racional. Um ditador que deseja um clone de si mesmo é uma contradição em termos. Os ditadores, por definição, querem ser únicos. Estão convencidos de que são as pessoas mais iluminadas na face da Terra, senão não seriam ditadores. Não querem ter de competir com suas próprias cópias.

É claro que o ditador poderia mandar que seu clone fosse produzido bem a tempo para tomar o poder depois de sua morte. No entanto, isso não seria muito diferente de um ditador que deseja que seu filho governe depois dele. Essa situação ainda é bem ruim, mas não é equivalente a ter dez clones do mesmo ditador governando ao mesmo tempo. Além disso, o clone do ditador, que cresceu depois dele e foi exposto a experiências de vida diferentes, poderia muito bem virar a mesa depois da morte do pai e, para surpresa do mundo, revelar-se o mais gentil dos democratas. Não subestimem as pessoas.

4. "Mas, se os governos decidirem clonar apenas os melhores representantes de suas sociedades, e a reprodução começar a ser permitida apenas dessa maneira, não é horrível? E será que isso não implica necessariamente um empobrecimento da variabilidade genética do *Homo sapiens*, ameaçando a sobrevivência de nossa espécie a longo prazo?"

Sem dúvida. Mas nenhum regime democrático poderia forçar seus cidadãos a se reproduzir apenas dessa maneira. Teríamos de voltar ao roteiro do regime ditatorial. Sem dúvida, se um dia a técnica para clonar seres humanos se tornar viável e confiável, é possível que um horrendo ditador decida perpetrar tamanha barbaridade.

Mas lembrem-se apenas de uma coisa:

Tentar impedir os seres humanos de se reproduzir da maneira normal é como tentar parar as ondas com metralhadoras automáticas. As pessoas gostam do que têm de fazer para se reproduzir do modo normal. Sempre gostaram. Sempre gostarão. Sempre praticaram essa maneira, em centenas de posições diferentes, e sempre vão praticá-la, mesmo que seja proibido. A Inquisição tentou impedir as pessoas de pensar usando as táticas mais mesquinhas possíveis, e ficou tentando por vários séculos. Sem sucesso. E a proibição era só do pensamento. Agora imaginem uma proibição de fazer amor. Uma atividade tão agradável e prazerosa. Com uma recompensa tão imediata, em um mundo frustrante onde há tão poucas recompensas imediatas. Nesses assuntos, tenho muita confiança nos instintos humanos. E nas razões que a nossa razão desconhece, que nos são ditadas a cada mês, a cada dia, por nossos hormônios. Sem falar nos feromônios.

5. "E se o ditador decidir clonar um exército de soldados?"

Sim, ele poderia cloná-los. Mas teria diversos problemas. A clonagem não produz rapazes de 18 anos prontos para ir à guerra. Produz apenas os embriões desses rapazes. A clonagem precisa do útero. O ditador teria de esperar pelo menos dez anos para ter um exército minimamente confiável. Enquanto isso, perderia a guerra.

Mas sabem de uma coisa?

Esperar dez anos por seus clones acabaria sendo a menor das preocupações do ditador. Sua frustração insuperável talvez fosse que os rapazes de seu exército nunca pudessem ser exatamente iguais.

Para começar, de modo a implementar seu plano demente, o ditador precisaria de milhares de úteros, de exércitos de mães adotivas. E essas mães não seriam, e não poderiam ser, todas iguais. Algumas seriam mais fortes e outras seriam mais fracas. Algumas teriam complicações durante a gravidez e outras não. Talvez algumas bebessem. Talvez outras fumassem. Talvez outras ainda usassem drogas (eu faria tudo isso, e muito mais, se me visse recrutada em um exército de mães de aluguel, tenho certeza). E todas essas mensagens diferentes seriam transmitidas para os fetos. Esses bebês destinados a tornar-se futuros soldados idênticos já não nasceriam todos iguais.

E então entra em jogo o fator cultural, o grande fator que nos distingue dos outros animais: nem todos os bebês cresceriam no mesmo ambiente e, portanto, não seriam cópias idênticas um do outro. Mesmo que estivessem em um campo de concentração. Mesmo que todos fossem treinados pelos mesmos sargentos, exatamente ao mesmo tempo. Um dia, um deles cairia de uma cadeira e os outros não. Um sentiria medo um dia, e o resto não. Nem todos sofreriam as mesmas humilhações ao mesmo tempo. Todas essas experiências condicionam o destino das pessoas tanto quanto seus genótipos. Assim, quando os rapazes adormecessem à noite – bem, talvez nem todos tivessem os mesmos sonhos. E, na manhã seguinte, alguns se lembrariam de seus sonhos e outros não.

Essa fantasia é semelhante a perguntar o que aconteceria se um emir decidisse clonar Claudia Schiffer trinta vezes para formar um fabuloso harém. Olhem, se Claudia quisesse vender suas preciosas células, com seu precioso genoma – sem dúvida, por que não, clonem a moça. Mas então também seria preciso encontrar trinta mães para sustentar as gestações das futuras Claudias. E, depois que as meninas nascessem, o emir – supondo que fosse um cavalheiro decente – teria de esperar pelo menos até que elas entrassem na puberdade para aproveitar seu novo harém. Sem contar que o harém teria de seguir à risca a dieta de Claudia Schiffer, a rotina de ginástica da Claudia Schiffer, as massagens, os cuidados com a pele e os tratamentos capilares, para ter exatamente a mesma imagem que ela. Vocês agora podem ver quanta coisa pode mudar no meio do caminho. E é fácil entender que uma Claudia Schiffer nascida e criada na Alemanha nunca poderá ser reproduzida de maneira confiável por uma Claudia Schiffer nascida e criada no deserto. O meio ambiente forma as pessoas. É por isso que é impossível copiar os seres humanos.

Mas suponhamos que o emir fosse rico e poderoso o suficiente para realmente operar o milagre da cópia perfeita. E aí? Muito francamente: uma Claudia Schiffer é algo muito bonito de se ver, mas trinta? Será que o emir não sentiria certa saudade da diferença? Será que não acabaria fugindo de seu palácio à noite para encontrar algum tipo de santuário de autenticidade nos braços de uma jovem pastora dos arredores?

Perguntas mais freqüentes

Neste caso específico, não estou tão preocupada com a luxúria do emir quanto com a ansiedade dos pais. Lembro-me de uma recente pesquisa feita nos Estados Unidos, em que se perguntava aos pais que características escolheriam caso pudessem "projetar" seus filhos. A primeira era que a criança fosse inteligente, e a segunda que ela fosse magra. Isso me fez imaginar pais gananciosos tentando garantir seu futuro com uma filha inteligente e bonita que se casasse com um marido rico. Ou com uma filha tão bonita que nem precisasse ser inteligente. Agora entendo a grande demanda pelas células da Claudia.

Para tornar o quadro ainda mais doentio, é preciso acrescentar que Claudia não ficaria necessariamente mais rica com esse novo mercado. As pessoas não precisariam necessariamente comprar suas células. Poderiam apenas se esgueirar para dentro do seu quarto e pegar um saco de lixo com algumas células epiteliais recentemente removidas ainda vivas. Transformariam assim o vodu em uma religião mundial, imagino. Se quisermos pensar que nada será impossível daqui a cinco mil anos, podemos explorar essa fantasia até a exaustão. Mas devemos estar sempre nos lembrando de que se trata de uma fantasia.

6. "E quanto àqueles sites da Internet que vendem clones de Elvis, ou de Jesus, dependendo do preço que se pagar?"

Nossa, quanta bobagem surgiu na Internet. Vocês viram os anúncios da ACE? A sigla foi criada por um cidadão americano chamado Bob Meyer e significa Americans for Cloning Elvis (Americanos pela Clonagem de Elvis). O grupo promete obter financiamento para pagar cientistas até que o Rei esteja de volta aos palcos. Mais criativa ainda era a maravilhosa brincadeira na Internet no ano passado dizendo que Jesus ia ser clonado a partir do Sudário de Turim. Todos rimos muito. Mas uma brincadeira engraçada ainda é uma brincadeira.

A verdade é que essas "empresas" são um vergonhoso embuste. Por favor, não se esqueçam de que a clonagem sempre exige um núcleo vivo e viável do indivíduo que desejamos clonar. Elvis e Jesus podem viver para sempre em nossos corações e em nossa alma, mas seus corpos mortais estão mortos. Isso significa que, mesmo na improvável eventualidade de algumas de suas células ainda estarem disponíveis, os núcleos dessas células estariam mortinhos da silva. Até o presente momento, nossa tecnologia ainda é limitada pelo simples fato de um núcleo morto não poder ser ressuscitado. E um núcleo morto não interagiria com o citoplasma de um óvulo receptor, por mais vivo que esteja esse citoplasma. Assim, a embriogênese nunca ocorreria. Muitos cientistas sonham com maneiras engenhosas de reativar núcleos mortos, ou mesmo de obter novos núcleos vivos a partir de fragmentos isolados de DNA. Num futuro distante, isso poderia ser possível. Da mesma maneira que seria possível para qualquer um de nós ganhar na loteria, contanto que apostemos, e saibamos quais são as probabilidades de isso acontecer.

Isso mostra quanto embuste as pessoas estão tentando vender aos internautas ingênuos. Além disso, as "empresas" ainda não explicaram como resolveriam o estágio da gestação, que exige um útero materno. Será que fornecem o embrião clonado e a mãe adotiva? Será que criam bebês em uma fazenda de clonagem? Com que idade entregam a criança ao cliente? Quem são seus advogados para cada parte desse complicado processo? Quais são os direitos do consumidor?

E também, mais uma vez, essas pessoas não nos dizem uma palavra sequer sobre como produziriam um Elvis ou um Jesus se o bebê crescesse e fosse educado na nossa época. Quando morreu, Jesus tinha 33 anos. Agora imaginem um Jesus que chegasse aos 33 anos no terceiro milênio, crescesse em uma família luterana de Minneapolis, estudasse em Massachusetts e fosse à faculdade em Berkeley. E que nunca visse Maria nem conhecesse Madalena, que não estão mais por aqui a não ser que alguém descubra restos de seu DNA e, de algum modo, consiga cloná-las também. Haveria algum jeito de esse novo Jesus ser uma cópia idêntica de seu predecessor? Seja como for, não me parece muito provável.

7. "Que pena, porque seria maravilhoso clonar Shakespeare."

Para quê? *Hamlet* já foi escrito. Não precisamos de outro *Hamlet*: precisamos de obras-primas novas, diferentes. Não queremos que nossa cultura estagne, não é?

Perguntas mais freqüentes

Na verdade, toda essa conversa sobre clonar personagens históricos mortos há muito tempo só teria interesse (caso algum dia seja possível) para os estudos sociológicos. Por exemplo, se o clone de Shakespeare fosse um dos assessores de imprensa de Clinton em vez de um dramaturgo elisabetano, seria realmente fascinante analisar o tipo de discurso que ele faria em nossa época. Mais uma vez, não somos determinados por nossos genes. Enquanto eles nos dão o potencial, nossa criação, nossa educação e o meio em que vivemos determinam como nossos potenciais são usados. Clonar Einstein talvez nos dê algum violinista medíocre, um escritor de segunda categoria ou talvez um corredor de carros antigos de primeira classe. Não seria excitante?

Lembro-me muitas vezes da paixão confessa de Hitler pela música. Se pudéssemos clonar Hitler hoje e o fizéssemos crescer em uma família calma, compreensiva e amante da música no Canadá, ou em algum outro lugar tranqüilo, talvez o clone se tornasse um grande músico.

Acho que nunca saberemos.

Certamente não enquanto vivermos.

8. "Não houve um médico americano que alegou estar pronto para clonar seres humanos sozinho?"

Ah, o infame Dr. Seed. O Dr. Seed é uma piada de mau gosto educada em Harvard. E, se não for uma falsificação fabricada por algum grupo conservador fundamentalista tentando nos amedrontar, com certeza parece ser.

Em primeiro lugar, ele tem esse nome suspeito. Seed (semente, espermatozóide)? Richard Seed? Um clonador potencial chamado Dick Seed? Será que isso é uma fantástica coincidência? Em segundo lugar, esse homem aparece diante de nós completamente isolado. Ele não tem uma equipe. Não troca informações com nenhum dos grupos de clonagem conhecidos mundo afora. Não tem sequer um artigo publicado na área. Qualquer pessoa minimamente familiarizada com a ciência sabe que, nos dias de hoje, é impossível trabalhar sozinho.

Para piorar as coisas, o Dr. Seed é especialista em afirmações perturbadoras, como a alegação de que recebe sua inspiração diretamente de Deus, de que vai começar clonando a si mesmo, ou a ameaça de mudar seu laboratório para Tijuana se não o deixarem operar nos Estados Unidos. Mas, segundo o folclore instintivo americano, Tijuana é um lugar de conotações obscuras envolvendo drogas, armas, casamentos apressados e todo tipo de transação ilegal. Nosso doutor está realmente brincando com os temores mais básicos de todo mundo, incluindo o medo dos cientistas desvairados. E, pelo que sabemos, ele ("eles"?) conseguiu: no início de 1998, o governo americano proibiu a clonagem de seres humanos, sendo logo seguido pela maioria dos países da União Européia. Experiências desse tipo são hoje proibidas em 180 países mundo afora.

Devo dizer que certamente considero essas proibições absurdas e potencialmente perigosas; e aplaudo países como o Reino Unido, que se recusaram a assinar o tratado, em nome da liberdade científica. Em primeiro lugar, proibir é quase inútil: também é proibido matar, roubar ou estuprar, não é? Em alguns lugares, esse crimes podem levar à pena de morte. E essas punições exemplares algum dia impediram as pessoas de cometer atos criminosos?

Do outro lado da discussão está a alegação de que as proibições relativas à clonagem humana têm que ver principalmente com preocupações perfeitamente legítimas e indiscutíveis. Uma delas é o custo das crianças malformadas ou natimortas que nasceriam (como discuti no Capítulo I, as malformações neonatais têm uma incidência maior no caso da clonagem do que em qualquer outra técnica de reprodução assistida). Outra preocupação tem que ver com os custos sociais caso a clonagem humana fosse bem-sucedida, questão que será analisada na Parte Dois deste livro. Ainda outra preocupação se relaciona com o pesadelo jurídico que viria em seguida. Ainda não temos idéia de que leis aplicar a assuntos tão complexos quanto as heranças em um mundo com clones, de que medidas usar em caso de morte de uma cópia, ou do que fazer quando um clone produzido com a exclusiva finalidade de doar partes de seu corpo se recusasse a ceder seus órgãos.

Mesmo assim, acredito pessoalmente que na ciência, como em qualquer outra forma de conhecimento, quando se proíbe o progresso tendo-se em mente o *status quo* do presente, sempre corremos o risco

Perguntas mais freqüentes

de nos tornar a grande piada do futuro. Os escolásticos medievais tentaram impedir a Terra de girar em torno do Sol por muitos séculos, e o fizeram exatamente pelas mesmas razões pelas quais os governos estão tentando proibir a clonagem humana agora: pelo bem da estabilidade social. Tenho certeza de que as intenções desses estudiosos medievais eram boas, mas vejam o que aconteceu com a crença fundamental que estavam tentando proteger com tanto afinco, e os obstáculos que essa proteção gerou para o progresso intelectual. E lembrem-se de todas as pessoas que tiveram de pagar com suas carreiras, com sua dignidade, com sua saúde ou até mesmo, algumas vezes, com a vida por desafiar as boas intenções dos escolásticos. Talvez devêssemos ser mais capazes de tirar proveito das lições mais óbvias da história.

Embora esteja disposta a endossar essa opinião, também não posso negar que uma total liberdade quanto à clonagem seja muito perigosa. Acredito que decisões complexas dessa magnitude devam ser discutidas por todos e tomadas por voto majoritário. No entanto, como já disse e repeti, e temo que vá repetir mais uma vez, também acredito que ninguém estará de fato pronto para participar dessa discussão sem estar completamente informado a respeito do assunto. Para que essa discussão seja possível, ainda temos diante de nós um enorme esforço de educação pública. Como todos sabemos, a educação pública leva muito tempo. No caso da clonagem, vai levar mais tempo ainda, porque a falta de informação foi precedida por todo tipo de informação errônea. Com toda a tecnologia disponível hoje, é difícil imaginar como impedir que a clonagem humana comece antes de todos estarem informados e antes de uma discussão válida se iniciar sem... isso mesmo, sem primeiro proibir a clonagem humana, pelo menos temporariamente.

Infelizmente, é raro que a necessidade das proibições seja justificada dessa forma.

9. "Mas e aqueles camundongos, aqueles clones de clones nascidos no Havaí, eles não tornam a clonagem de seres humanos muito mais provável? Esses ratos não rugem, como disse a *Newsweek*?"

CLONES HUMANOS

Não necessariamente. O que a equipe havaiana nos ensinou no verão de 1998 foi que era de fato possível clonar camundongos com sucesso, enquanto se pensava que os camundongos estivessem entre os animais mais difíceis de clonar por causa de algumas peculiaridades de seu desenvolvimento inicial. Essa equipe também provou experimentalmente o que os especialistas em clonagem postulavam havia muito tempo: se pegarmos um clone e usarmos uma célula somática adulta desse clone para produzir outro clone, a segunda "geração" é uma cópia da primeira – o grande passo rumo à verdadeira imortalidade que, durante muito tempo, foi um dos maiores sonhos por trás da clonagem.

É claro que esse sonho de imortalidade faz muitos biólogos soltarem fumacinha de tanta raiva – especialmente quando a idéia perde a nuance abstrata de "genomas imortais" em prol da expressão "seres humanos imortais", muito mais vulgar. Mas seria tolo negar que nossa antiga fantasia de viver para sempre tenha recentemente feito brilhar o sorriso dos pesquisadores nos laboratórios de clonagem mundo afora. Algumas pessoas estão seriamente atraídas pelo projeto. Assim, pelo bem ou pelo mal, deveríamos agradecer aos camundongos havaianos por terem nos forçado a encarar a questão da imortalidade, e a nos perguntar em voz alta se realmente queremos que isso aconteça conosco – e para quê.

Fora isso, acredito que possamos acrescentar que, devido a seus ciclos de vida curtos, os camundongos são uma espécie de grande interesse para a pesquisa básica em biologia do desenvolvimento. Assim, linhagens de clones bem caracterizadas, com seqüências de genes precisas e/ou mutações estabilizadas, certamente seriam um bônus para a pesquisa celular.

Mas não há muito mais a dizer. Nada do que já foi dito nos aproxima nem um centímetro da clonagem humana. E certamente não trata de nenhuma das questões morais que a clonagem humana envolve. Por favor, tenham em mente que o sucesso em camundongos é tão irrelevante para prever o sucesso em seres humanos quanto o sucesso em qualquer outra espécie de mamífero. Por exemplo, até hoje ainda não temos nenhuma pista da razão por que é tão difícil clonar porcos. Até hoje, no mundo todo, um único clone de porco nasceu, em 1989. Desde então, todas as tentativas com porcos levaram a fracassos retumbantes, enquanto vacas, coelhos e ovelhas pululam. Não sabemos por quê. E porcos certamente são uma das espécies que todos adorariam clonar, devido a seus múltiplos usos para produtos de interesse humano.

Aliás, esse é outro porém do sucesso nos camundongos: camundongos são pequenos demais. Portanto, do ponto de vista comercial, são uma das espécies de mamíferos menos interessantes. Ninguém nunca conseguiria obter muitos produtos farmacêuticos de um camundongo. Seria melhor tentar com uma cabra.

E, lembrem-se, precisamos de uma segunda verificação. Precisamos que outra equipe, em outro lugar do mundo, seja capaz de reproduzir esses resultados. Sem isso, os resultados deverão ser considerados obra do acaso. Isso é uma lei séria para a validação de informações científicas. É por causa dessa lei que a fusão a frio, o sonho grandioso da física que certa vez se disse ter sido alcançado, não pode ser considerada verdadeira. Foi impossível de reproduzir, mesmo por seus próprios autores. Conseqüentemente, teve de ser descartada. *Dura lex sed lex.*

10. "Mesmo assim, a clonagem de Dolly não foi um avanço científico espetacular?"

Essa escolha de palavras pode ser descuidada, pois o avanço científico espetacular não foi exatamente a clonagem de mais uma ovelha, e sim o tão esperado uso de uma célula adulta para clonar a ovelha. Além disso, se estamos realmente falando de ciência, então deveríamos esfriar nossos ânimos por um instante e ter em mente uma séria limitação: Dolly não é sequer uma realidade científica ainda. Já que a lei científica que se aplica aos camundongos havaianos também se aplica às ovelhas escocesas, Dolly não pode ser tecnicamente considerada um verdadeiro resultado científico até que outra equipe, usando a mesma técnica, dê vida a outro animal como a Dolly segundo o mesmo procedimento. Até lá, Dolly terá de continuar a ser o acaso que tem sido até hoje. Lembrem-se de que ela já tem mais de dois anos de idade, e que mesmo a equipe que a produziu ainda não foi capaz de reproduzi-la. Sim, ela já deu à luz outras ovelhas, então é tão fértil quanto suas companheiras de rebanho. Que bom para ela. Mas, uma vez que essas crias foram obtidas por meio de cópulas normais, envolvendo uma mistura dos genes de Dolly com os genes de um carneiro, os filhos de Dolly não são cópias de Dolly. O genótipo de Dolly ainda é único. Sua "mãe" morreu. Até agora, nenhuma outra ovelha nasceu das mesmas células da cultura de tecido. Isso significa que nenhuma outra ovelha no planeta hoje tem o genoma de Dolly. Geneticamente, ela ainda é tão única quanto o resto de nós. Será que um clone que consiste em um único original pode ser considerado um clone? Difícil.

11. "Então o que os clones poderiam fazer pelos seres humanos?"

Vocês ouviram falar na outra ovelha, chamada Polly, também produzida pela equipe de Ian Wilmut? Ela chegou às manchetes porque veio logo depois de Dolly, e do mesmo lugar onde Dolly fora criada. No entanto, mais do que tudo, ela criou uma pequena algazarra porque foi geneticamente modificada para secretar insulina em seu leite. Por causa disso, houve muita gente falando recentemente em usar a clonagem para replicar cópias de animais geneticamente modificados que expressem, em seu soro, moléculas de interesse para a indústria alimentícia ou farmacêutica (os chamados transgênicos). Esse raciocínio está inteiramente correto, e os seres humanos poderiam beneficiar-se muito desse tipo de clone.

Um transgênico é definido de forma ampla como "um organismo que contém um fragmento de DNA estranho adequadamente integrado", e as primeiras publicações nessa área apareceram por volta de 1966, perguntando se seria possível manipular zigotos de modo a inserir um gene estranho em seus núcleos e fazer com que esses genes se expressassem. Em 1980, conseguiu-se fazer isso em camundongos, e os animais domésticos vieram logo depois, em 1985. Até 1997, os transgênicos eram obtidos por meio da micromanipulação pronuclear (inserção de genes no DNA dos pronúcleos no zigoto), infecção retroviral (infecção do zigoto com um vírus contendo os genes que desejamos inserir), mediação espermática (inserção dos genes dentro do núcleo do espermatozóide seguida de fertilização do óvulo pelo espermatozóide) e lipossomas (revestimento do fragmento de DNA contendo os genes com uma membrana esférica artificial e posterior fusão deste com a membrana plasmática do zigoto). Em 1998, com o nascimento de Polly, o sonho da obtenção de transgênicos pela transferência nuclear finalmente virou realidade.

Não deveríamos subestimar a abrangência desse sonho, pois a transferência nuclear é realmente muito relevante para a comercialização dos transgênicos: só essa técnica permite a produção de várias cópias do mesmo animal útil geneticamente modificado, e o número dessas cópias seria teoricamente infinito. Um bom exemplo das vantagens mais simples e mais óbvias que a combinação de engenharia genética e clonagem poderia ter para os seres humanos é o fornecimento, pelas vacas transgênicas, de um leite melhor para beber. Vacas modificadas podem ter leite com mais proteínas de valor nutritivo, e pode-se tornar essas proteínas mais fáceis de serem metabolizadas; seu leite pode ter um conteúdo protéico maior; pode ter atividade antimicrobiana; e pode conter tipo e quantidade alterados de ácidos graxos que seriam menos prejudiciais para o sistema cardiovascular, o que, entre outras coisas, permitiria que as pessoas mais velhas continuassem a beber tanto leite quanto quisessem. Isso é apenas o começo da lista de vantagens: em seguida vêm todos os tipos de produtos genéticos de interesse farmacêutico (exato, como a insulina) que seriam expressos no leite e isolados para o preparo de medicamentos. Além disso, o Projeto Genoma Humano está próximo do fim. Quando for concluído, conheceremos precisamente as seqüências de genes do nosso DNA. No entanto, precisamos de um lugar para testar a atividade desses genes, se não, as pilhas colossais de informação prestes a aterrissar sobre nós permanecerão bastante inúteis, especialmente quando se trata de questões relativas à regulação genética do desenvolvimento. Os embriões transgênicos, especialmente modificados para serem submetidos a esse tipo de teste e para prover as respostas mais claras possíveis às suas perguntas, são nossa melhor aposta a essa exploração. Mais uma vez, só embriões transgênicos clonados podem nos garantir suprimentos infinitos do mesmo teste.

Assim, definitivamente, o novo campo de clones transgênicos poderia ser de grande utilidade para nós. No entanto, nesse caso, não estamos clonando seres humanos: estamos apenas clonando outros animais manipulados para produzir produtos químicos úteis aos seres humanos. Assim, esse exemplo não conta quando estamos debatendo a clonagem de seres humanos.

A clonagem de seres humanos causou uma rápida comoção recentemente, com a notícia de que uma equipe sul-coreana havia criado um embrião por meio da transferência nuclear. Não há razão para alegar que isso não seja verdade, do mesmo modo que, antes dessa notícia, não havia razão para alegar que a clonagem humana não fosse possível só porque ela ainda não havia sido feita. No entanto, era apenas um embrião, e ele não conseguiu passar do estágio de quatro células. Não ficou nada claro se, nesse ponto, a experiência foi abortada por preocupações éticas ou se, simplesmente, as células morreram. De qualquer modo, essa suposta primeira clonagem humana não significou muita coisa: como vimos antes, o desenvolvimento nos estágios embrionários anteriores à formação do blastócito não é um teste significativo para o potencial de nossas técnicas. Além disso, quando se trata do tipo de impacto que esse embrião poderia ter tido em nossas vidas, as limitações são impressionantes: o embrião fazia parte de um projeto de fertilização *in vitro*, destinado a ajudar casais estéreis nos casos em que o espermatozóide do pai é totalmente incapaz de fertilizar o óvulo, mesmo depois de as células espermáticas defeituosas, que não podem nadar nem se juntar ao óvulo, terem sido injetadas no citoplasma deste último. Mas um clone é um clone, e um clone é uma cópia: os pais que usassem essa estratégia nunca teriam filhos únicos, mas sim uma cópia do pai ou da mãe. Isso não é o que a maioria das pessoas deseja quando se reproduz.

Finalmente, o fato de essa experiência só ter envolvido um embrião nos coloca mais uma vez diante do problema da maciça mortandade embrionária. Nenhuma clonagem humana terá algum impacto considerável em populações e sociedades enquanto persistir esse problema. Vamos observar mais uma vez esses números desoladores, porque esta é uma questão que precisa ser entendida com muita clareza. Quando a equipe da Universidade de Massachusetts produziu seus bezerros transgênicos, foram criados 276 embriões clonados na primeira rodada. Desses, apenas 35 se desenvolveram até o estágio dos blastócitos. Apenas 28 desses 35 sobreviveram o suficiente para serem transferidos para mães adotivas. Apenas quatro desses 28 nasceram. A

Perguntas mais freqüentes

experiência sul-coreana não resolveu essa drástica mortandade e, portanto, não nos aproximou muito de um futuro com clones humanos.

Pelo que podemos ver até agora, a clonagem humana propriamente dita poderia ser usada para alguns casos médicos que ainda não foram mencionados. Essas aplicações precisam apenas de blastócitos clonados viáveis. Não necessitam do nascimento propriamente dito de pessoas clonadas, o que aumenta a probabilidade de que venham a ser relevantes.

Desde o começo da era Dolly, ouvi muitas pessoas se perguntando de que maneira os clones poderiam ser usados como doadores de órgãos. Essas questões geralmente se baseiam no pressuposto de que precisaríamos primeiro dar vida a nossas próprias cópias para depois usar seus órgãos para substituir os nossos. Isso poderia acontecer?

Acho difícil acreditar que algum dia tenhamos de lidar com feitos tão extraordinários quanto transplantes de cérebro ou de coração, pois esses órgãos são "ímpares" e, sem eles, nossos pobres clones morreriam logo depois de terem nascido. Em uma cultura na qual até o aborto com 12 semanas de gravidez é objeto de amarga controvérsia, não vejo como essa nova técnica assassina poderia se desenvolver. No entanto, no caso dos órgãos "pares" (rins, ovários etc.), teoricamente não haveria nenhum problema. A única coisa que teríamos de fazer seria esperar cerca de nove meses depois de nossa doença ser diagnosticada. Nesse caso, poderíamos esperar nosso clone nascer e depois usar um de seus rins ou um de seus ovários para o transplante. O clone não morreria, nem nós.

Obviamente, isso é desagradável. Mas não é muito diferente do caso do casal que teve um filho só para usar sua medula, certamente a mais compatível de todas, para corrigir a medula do irmão doente. O casal diz amar profundamente esse segundo filho. Ainda assim, eles o geraram a sangue-frio para um propósito clínico totalmente deliberado. E, ultimamente, outras crianças têm nascido para servir a propósitos similares.

No entanto, mais uma vez, esse deve ser praticamente o único caso em que a racionalidade de um casal entra em jogo na hora de ter filhos. Se excetuarmos o antigo conceito de ter filhos para assegurar a velhice dos pais (conceito que, de qualquer modo, se tornou ridículo, haja vista as regras que governam as sociedades ocidentais de hoje em dia), reproduzir-se nunca foi um ato ditado pela razão. E poderíamos afirmar que o dia em que tivermos de justificar racionalmente o fato de ter um bebê para podermos nos reproduzir será o dia em que a raça humana terminará oficialmente.

Mas vamos parar de nos torturar e olhar o lado bom dessa questão de reparo de órgãos. Ela representa a única área na qual é provável que os clones humanos façam uma verdadeira diferença num futuro próximo, e as questões morais em jogo têm um grau de magnitude muito menor. Ela também representa um conjunto de investimentos em pesquisa muito mais promissor do ponto de vista financeiro, o que a torna muito mais provável de ser feita. O que é "ela"? A utilização de células humanas clonadas, em vez da utilização de corpos humanos clonados.

Ainda estamos pensando em reparo de órgãos, mas agora deixamos claro que não queremos ter de lidar com os problemas sociais e morais gerados pelo nascimento de pessoas com o intuito deliberado de usar seus órgãos para salvar a vida de outra pessoa. O que podemos fazer então? Bem, começamos nos perguntando se realmente precisamos de órgãos. Órgãos são feitos de tecidos. Tecidos são feitos de células. Assim, as células de um determinado órgão deveriam ser tudo aquilo de que precisamos para recriar esse órgão.

Muito antes de a clonagem de mamíferos se tornar uma realidade, pesquisadores da área biomédica já sabiam que nossa melhor aposta em qualquer transplante de célula eram as células embrionárias. As células embrionárias têm uma maleabilidade e uma taxa de propagação rápida que se perde nas células adultas. Quando a clonagem de mamíferos se tornou possível, a questão se colocou naturalmente: quando precisássemos reparar um de nossos órgãos, não poderíamos clonar a nós mesmos? Se fizéssemos isso, e estivéssemos dispostos a abortar o feto clonado no segundo ou terceiro mês de gravidez, poderíamos remover dos tecidos fetais as células precursoras de certos órgãos em nossos corpos, colocá-las em cultura, se possível imortalizar essas culturas, e em seguida usar essas células para curar doenças degenerativas de que pudéssemos vir a sofrer.

Na teoria, as aplicações dessa técnica difícil seriam feitas mais ou menos assim:

Nossos rins começam a falhar? Nenhum problema. Obteríamos um clone (ou, ainda melhor, nosso embrião clonado já estaria congelado, pronto para crescer em caso de necessidade), transferiríamos esse clone para o útero de uma mãe adotiva, abortaríamos o feto na época em que soubéssemos que as células precursoras do rim começam sua diferenciação, colocaríamos essas células em cultura e depois as injetaríamos em nosso rim doente, deixaríamos que o invadissem completamente, e obteríamos assim um rim novo perfeitamente funcional. Adeus, hemodiálise. Entenderam? E isso poderia ser aplicado ao mal de Parkinson, ou ao mal de Alzheimer, ou a todas as degenerações musculares, ou à esclerose múltipla, ou a qualquer coisa que nos mate ou que nos imponha viver com muita dor, porque as células originais de determinado órgão pararam de funcionar tão bem quanto deveriam.

Mas esse método é arriscado e brutal, e ninguém estava realmente interessado em aplicá-lo. Então uma nova idéia surgiu, baseada em uma pergunta simples: precisamos realmente ter um feto para obter células fetais?

Revelou-se que não, não precisamos. A maioria dos laboratórios de clonagem já está considerando um procedimento muito mais sofisticado.

O ponto de partida é o mesmo de antes: se nosso organismo começa a falhar, ou se células que não se dividem, como os neurônios, começam a morrer mais rápido do que deveriam, simplesmente clonamos a nós mesmos. Mas não precisamos sequer transferir esses clones para uma mãe de aluguel: simplesmente os deixamos crescer em cultura até que atinjam o famoso estágio do blastócito.

Um blastócito tem duas populações celulares muito diferentes: a massa celular interna (MCI), que dará origem ao embrião propriamente dito; e a trofectoderme, que dará origem à placenta e a outras estruturas que vão sustentar a gravidez. As células na MCI ainda têm o potencial de se diferenciar em qualquer tipo de célula, uma vez que terão de dar origem às centenas de tipos de células que carregamos em todo o nosso corpo. Assim, podemos colocá-las em cultura sobre uma camada de células de cultura de tecidos (a camada de nutrição): teremos uma colônia imortal de nossas próprias células-tronco, as precursoras de qualquer um de nossos tipos celulares.

Por definição, as células-tronco podem dar origem a qualquer célula somática. Assim, se nosso fígado começa a falhar, nós as transferimos para o nosso fígado: condicionadas pelo meio ambiente ao redor, elas se diferenciarão e virarão células hepáticas novinhas em folha, colonizarão o órgão doente, e farão com que pareça novo e funcione como se fosse novo. Ou então, se nossa bexiga pifou, podemos usá-las para regenerar uma nova bexiga. E assim por diante, da anemia ao diabetes.

É claro que jamais nada é tão simples. Durante a embriogênese, as células-tronco dão origem a todas as células, mas não se tornam células adultas imediatamente. São induzidas a dar origem a determinado tipo de célula por uma complexa série de formação seqüencial de tecidos, na qual os tecidos precursores se formam e depois desaparecem para dar origem a tecidos mais especializados, e assim por diante, até que o órgão adulto se forme. Isso significa que as células-tronco estão expostas a uma complicada variedade de sinais diferentes, cada um deles presente em um momento específico ao longo da seqüência, que as torna aptas para finalmente se tornarem o tipo de célula que encontramos no adulto. Assim, a não ser que descubramos uma maneira muito bem sintonizada de tratar nossas células-tronco em cultura de modo a fazê-las percorrer todo o caminho pelo qual deveriam passar na embriogênese, é bem pouco provável que adquiram a competência para se tornar uma célula hepática totalmente funcional, mesmo se as injetarmos em um fígado adulto.

Se nosso objetivo é fazer com que células-tronco se tornem células hepáticas, o mais simples seria simplesmente dotar o meio de cultura de todas as moléculas que sabemos ter um efeito na diferenciação das células hepáticas durante a embriogênese. Mas isso não respeitaria a seqüência temporal da exposição a diferentes sinais, e poderia comprometer a capacidade do meio de manter essas células vivas e satisfeitas. Outra possibilidade seria esperar que apenas um sinal, ou um conjunto de sinais, liberados ao mesmo tempo, bastassem para desencadear o desenvolvimento pelo caminho da célula hepática, e só isso bastasse para tornar nossas células-tronco aptas para a diferenciação completa, uma vez injetadas no fígado. Isso poderia ser possível em alguns casos, mas é pouco provável que funcione para todos os órgãos com a precisão necessária. E ainda nos obriga a manter culturas separadas para cada órgão, cada cultura tratada com aqueles fatores específicos que teriam os sinais apropriados para induzir a competência para cada órgão diferente. É um aborrecimento. Atualmente, várias equipes estão pesquisando técnicas de indução da competência, e surgiram muitas idéias engenhosas. Uma abordagem promissora é confiar na tendência espontânea da célula-tronco rumo à diferenciação, um caminho que começará a percorrer mesmo em cultura, a não ser que acrescentemos ao meio inibidores de diferenciação. Essa diferenciação preliminar nos leva a muitos precursores diferentes de tipos de células diferentes. A idéia é deixar isso acontecer, mas usando culturas geneticamente modificadas: antes de a diferenciação começar, acrescentamos a seu genoma um promotor que induz a especialização em células hepáticas. E acoplamos esse promotor a um gene para a resistência aos antibióticos. Então deixamos que as células-tronco se diferenciem espontaneamente. É claro que não há nenhuma maneira de ter certeza de que todas elas contêm o promotor ativo. Mas sabemos que aquelas que têm o promotor (as que queremos) também têm o gene de resistência a antibióticos. Assim, depois de completadas as primeiras rodadas de diferenciação preliminar, tratamos nossa cultura com antibióticos. Todas as células que não têm o gene morrem. Eram também as células que não tinham o promotor, e que não queríamos. Assim, podemos ter certeza de que nossa população de células-tronco é totalmente apta para se transformar em células hepáticas. Isso ainda é complicado. E, a longo prazo, todo o processo de criar um blastócito humano, isolar a MCI, colocar suas células em cultura, equipá-las com o promotor e o gene, deixá-las se diferenciar, matar a população não-apta e finalmente agir será certamente muito trabalhosa para as exigências médicas. Assim, há muito raciocínio pesado sendo feito atualmente. Quaisquer que sejam as soluções finalmente adotadas, esta abordagem oferece um imenso potencial para o bem-estar humano. E nenhum feto clonado jamais teria de morrer para salvar ninguém, assim como nenhum clone humano teria de ser criado para doar seus órgãos a cópias mais velhas e doentes. Esse pode ser o nosso futuro.

Algum método de reparo de órgãos humanos por meio da clonagem é aplicado atualmente? Não. Mas poderia ser? Só depois de muita pesquisa. E essa pesquisa precisaria ser autorizada. Não se trata de uma pesquisa comum. Envolve muita manipulação de embriões humanos, e é provável que esse tipo de manipulação, para muitas pessoas, seja equiparado à destruição. A manipulação de embriões humanos para fins experimentais é rigorosamente proibida em quase todos os países ocidentais. Mas, e se não fosse, e se funcionasse, e se os cientistas e os médicos realmente acumulassem o saber suficiente e necessário para efetuar esse tipo de operação com sucesso e de maneira financeiramente proveitosa? Então teríamos de pensar nos prós e nos contras, e decidir se queremos introduzi-los em nossas sociedades ou não.

Esse jogo de perguntas e respostas está ficando um tanto surpreendente, não é?

Se eu estiver certa, e as perguntas assustadoras sobre a clonagem de seres humanos levantadas até hoje forem fatores pouco significativos em nossa equação global atual, por que as fizemos tantas vezes, e com mais freqüência do que quaisquer outras, desde que Dolly nasceu? Porque o grande escritor argentino Jorge Luis Borges estava certo, acredito.

Todas as histórias são autobiografias.

De forma consciente ou não, os desafios apresentados pela ciência só são considerados desafios se pudermos nos identificar com eles a ponto de visualizar eventuais repercussões capazes de nos afetar. Ninguém nunca se preocupou com plantas clonadas, e elas vêm sendo clonadas há muitos milhões de anos. Toda vez que um de nós levou para casa um pequeno broto do cacto de um amigo para plantá-lo em um vaso, ninguém arrancou os cabelos pensando em ditadores e em exércitos.

Muitos de nós sabemos que milhões de organismos animais se reproduzem de várias maneiras assexuadas, e que cada reprodução assexuada nada mais é do que a cópia de um genótipo preexistente. Mas não vemos bactérias. Nunca pensamos nelas, a não ser que façam parte de nosso trabalho, ou de nossa neurose.

Muitos de nós também estão familiarizados com o interessante caso das pulgas-d'água francesas, e de tantas outras pequenas criaturas, que se reproduzem por partenogênese pelo menos durante uma parte do ano (existem salamandras que sempre se reproduzem dessa maneira). Já que a partenogênese consiste em mães virgens que dão origem a filhas virgens e assim por diante, os cromossomos maternos e paternos nunca se misturam no momento da fertilização e, portanto, nunca há nenhuma alteração de genótipo de uma geração à geração seguinte. Assim, toda a população de pulgas de um determinado

Perguntas mais freqüentes

reservatório ou lago poderia muito bem ser uma imensa colônia de um só clone.

Mas essas pulgas são minúsculas, e as salamandras vivem sua vida longe de nós.

Mesmo no que diz respeito aos mamíferos, ninguém nunca prestou muita atenção à clonagem enquanto estávamos clonando vacas e coelhos a partir de células embrionárias, porque nesse estágio do desenvolvimento os embriões são invisíveis – e, mesmo quando observados ao microscópio, não se parecem com um organismo macroscópico.

Mas Dolly mudou tudo isso. Podemos projetá-la em nossa consciência e pensar em um futuro no qual o que foi feito com ela seria feito conosco. E seria um futuro em que nada mais seria igual. A própria definição de humanidade mudaria. Nossa autobiografia, pessoal e coletiva, mudaria completamente seu curso.

E isso é assustador.

E eu acho bom que seja assustador.

Porque é bom que todos pensem no que significa humanidade. E, ao mesmo tempo, é bom que todos descubram como o mundo da biologia celular pode ser perturbador e fantástico. Se, com esse episódio, a palavra "célula" entrar para o nosso vocabulário corrente com tanta energia e poder de permanência quanto a palavra "ecossistema", que invadiu a linguagem nos anos 70, teríamos ganhado muito.

CAPÍTULO III

A revolução biológica

Depois de repetir tantas vezes que as técnicas que levam à clonagem provocam desafios morais perturbadores, talvez seja o momento de olhar mais de perto esses problemas do ponto de vista de sua introdução em nossa cultura. Este capítulo é uma reflexão sobre o impacto das técnicas de reprodução assistida (entre as quais a clonagem, caso um dia se torne comercialmente viável) na formação do quadro social e moral do terceiro milênio. É também uma tentativa de demonstrar que o diálogo ainda é a melhor maneira de se superar uma crise.

Então, o que está diferente no final do milênio?

Certamente este detalhe está diferente.

Em nossos dias, nenhuma área de nossa atividade nem de nossa percepção da vida cotidiana pode ser considerada totalmente isolada da influência da ciência.

Quer gostemos disso ou não, o fato é que vivemos em um mundo forjado pelos avanços científicos e tecnológicos. Este mundo não se limita a tornar a vida mais fácil para todo mundo, nem a aumentar a expectativa de vida de todos. Pelo contrário, é um mundo que exige de todos nós, seus criadores e usuários, uma enorme responsabilidade em relação ao estabelecimento de leis comportamentais que vamos querer impor a nós mesmos, agora que as antigas "leis naturais" implodiram em tantas frentes que já não bastam, por si sós, para regular os tipos de indivíduos que somos, nem para determinar o tipo de sociedade à qual pertencemos.

É óbvio que essa responsabilidade não deveria ser assumida sem antes informar o público em geral sobre o que está acontecendo no campo científico, e sobre as implicações desses acontecimentos no funcionamento da estrutura social.

Deixem que eu lhes dê um exemplo demonstrativo muito simples.

Em 1994, uma equipe americana descobriu o gene responsável pelo nanismo em seres humanos. Sem sombra de dúvida, trata-se de um avanço interessante na área de genética molecular. O fato de essa descoberta ter possibilitado a criação imediata de um exame pré-natal para detectar o nanismo potencial do feto é certamente uma contribuição benéfica da ciência básica para a medicina, porque os fetos que receberam o gene de ambos os pais darão origem a crianças com defeitos físicos pronunciados, que sobreviverão apenas por alguns dias depois do nascimento – e, se a anomalia for detectada a tempo, uma interrupção rápida da gravidez poupará aos pais um grande sofrimento.

O grande problema é que o exame também torna possível detectar se o feto recebeu o gene de apenas um dos pais (nesse caso, a criança será um anão perfeitamente saudável), ou mesmo se não o recebeu de nenhum dos dois (e, nesse caso, não será sequer um anão). Os hospitais que começaram a oferecer esse exame aos casais de anões se viram de repente confrontados com pedidos de aborto... quando o feto era absolutamente normal!

Os casais de anões argumentavam que uma criança de estatura normal jamais poderia viver normalmente em uma casa construída para o tamanho dos anões; e também que, depois de terem sido ostensivamente condenados ao ostracismo e desrespeitados pela sociedade, eles não desejavam ver esse mesmo processo se repetir com um filho que logo ficaria muito mais alto do que eles, e que nunca poderiam considerar um verdadeiro igual.

Quem está certo?

E quem decide quem está certo?

A questão é extremamente complexa, e nunca foi prevista pelos cientistas envolvidos em pesquisa genética. Não deveríamos sequer dizer que os cientistas são os principais culpados pela confusão resultante, porque grande parte dessa confusão diz respeito aos valores que queremos assumir como sociedade, e a nosso comportamento instintivo diante do que consideramos anômalo nos outros – mas não diz respeito especificamente aos mistérios do funcionamento do gene que controla o nanismo.

No entanto, é sempre mais simples para os seres humanos raciocinarem de maneira dicotômica. Esse estímulo-resposta do tipo "tudo ou nada" continua a dominar a reação do público a questões relacionadas com a ciência. A ciência é vista como totalmente boa ou totalmente ruim. Alguns a vêem como um cavaleiro medieval vestindo uma brilhante armadura, que luta com bravura por nosso bem-estar e para que, no final, a ignorância seja vencida. Outros a vêem como um terrível inimigo de nosso doce planeta, como uma ameaça à beleza e à poesia, e como a fachada de uma burocracia tecnológica que é a antítese completa da cultura, e também o cavalo de Tróia de um capitalismo perturbado que só pensa em lucro, e para quem os fins justificam todos os meios necessários. Alguns dirão que a ciência torna a agricultura viável, cura os doentes e cria uma rede de telecomunicações para todos nós. Outros contra-atacarão dizendo que a ciência produz cada vez mais armas usadas de formas cada vez mais sinistras, desumaniza as relações humanas e demonstra claramente sua patética incompetência em tragédias como as de Chernobyl.

No entanto, a ciência não se limita a nenhum desses extremos. Ela não é nem nosso Salvador nem nosso Lúcifer.

Harry Collins e Trevor Pinch lidam com esse problema de forma exemplar na introdução de seu livro *The Golem – What Everyone Should Know About Science*. Golems são criaturas mitológicas, feitas de barro à imagem do homem e dotadas da capacidade de se mover por uma série de encantamentos e repetições de fórmulas mágicas. Essas criaturas foram "criadas" no século XII por um ramo particularmente místico do judaísmo hassídico, sendo depois perpetuadas em lendas e imagens populares que sobreviveram até nossos dias. O Golem é um homem criado pelo homem, e não por Deus, e, portanto, é igual ao homem em todos os aspectos, exceto em sua incapacidade de falar. Essa incapacidade revela sua ausência de alma: os animais, que não têm alma, também não podem falar. Collins e Pinch usam o Golem como uma metáfora para a ciência:

"O que, afinal, é a ciência? A ciência é um Golem."

E é um Golem porque

É algo poderoso. Fica um pouco mais poderoso a cada dia. Segue ordens, faz seu trabalho e o protege do inimigo sempre à espreita. Mas é desajeitado e perigoso. Sem controle, um Golem pode destruir seus mestres com seu vigor incansável... Nas tradições medievais, a criatura de barro era animada pela palavra hebraica "EMETH", que significa verdade, inscrita em sua testa – é a verdade que a faz viver. No entanto, isso não significa que ela entende a verdade – longe disso.

A metáfora da ciência como um Golem também pode se estender a outro aspecto da lenda: como vimos, Golems são animados com vida pela inscrição da palavra "verdade" em sua testa. No entanto, também segundo a lenda, quando os rabinos desejavam aniquilar o Golem que haviam criado – na maioria dos casos porque estavam escapando a seu controle –, bastava que apagassem da testa de suas criaturas o *aleph*, a letra do alfabeto hebraico que ocupa o primeiro lugar da palavra EMETH. EMETH viraria METH (morte); e o Golem morreria.

O problema aqui é que, como argumentam Collins e Pinch, se o Golem for incapaz de compreender a verdade, também temos de admitir que nenhum de nós, seres humanos abençoados com uma alma e capazes de criar Golems, jamais pode afirmar compreender a verdade. Ou melhor, muitos de nós terão essa pretensão; mas todos sabemos que tais pretensões são tolas e perigosas. Nunca seremos capazes de determinar com segurança quem está certo. E, diante de uma limitação tão séria, como alguém pode determinar que chegou a hora de apagar o *aleph* e de desativar o nosso Golem?

Uma vez que nos vemos confrontados com uma complexidade tão avassaladora, a importância de informar e esclarecer o público se torna mais urgente a cada dia. Em um mundo ideal, em um futuro ideal, esse esclarecimento deveria incluir o treinamento dos cientistas para se comunicar com o mundo exterior; assim como incluiria a obrigação, para todos os não-cientistas, de receber uma educação básica nessas áreas. Antes de chegarmos lá, eu gostaria de analisar com mais detalhes alguns dos desenvolvimentos na área das ciências biológicas durante as últimas décadas, responsáveis por essa implosão dos limites naturais que mencionei anteriormente.

Então, falemos do que as ciências biológicas produziram que mais se assemelha à lenda do Golem, desta vez no sentido estrito. Falemos das técnicas de reprodução assistida.

Escolhi falar desse assunto não pelo fato de ser minha área de especialização, mas por estar realmente convencida – muito embora tenha de admitir que a minha verdade não é necessariamente a verdade de todas as outras pessoas – de que essas técnicas nos colocam diante do dilema crucial que também já mencionei, o dilema de ter de decidir, e com grande urgência, que tipo de imagem queremos ter de nós mesmos, como seres humanos e como sociedade.

Esse dilema tem uma gênese curiosa, pois, com a aproximação do fim do milênio, entrou rapidamente em nossas casas por meio dos avanços prosaicos da tecnologia, e não por meio do desenvolvimento profundo da filosofia. Isso, para mim, é um evidente sinal dos tempos. Percebam que, no final do século XX, o grande remodelamento da estrutura humana que este recebera como herança fora todo engendrado pela conjugação de três enormes esforços filosóficos. Os homens que forjaram o século XX, no final do século XIX, chamavam-se Karl Marx, Sigmund Freud e Charles Darwin.

Do ponto de vista teórico, o grande legado da biologia para a cultura moderna é sem dúvida a teoria da evolução, o grande postulado de Darwin. No entanto, do ponto de vista social, o desenvolvimento da genética e das técnicas de reprodução assistida foi o que nos colocou à beira de uma profunda revolução. Esses desenvolvimentos são tecnológicos, e não teóricos; e, desde o começo, tiveram conotações econômicas, e não culturais. Não podemos sequer relacioná-los com os nomes específicos de grandes homens, ou situá-los em datas precisas, ou associá-los a títulos de livros que marcaram a história, ou assinalar seu lugar de nascimento no mapa. São o resultado do trabalho de centenas de milhares de pessoas que atuam longe dos refletores, em laboratórios espalhados pelo mundo todo, a apenas poucos quarteirões de nossos quartos ou a distâncias colossais do outro lado do planeta. Todos e cada um desses desenvolvimentos é uma episteme em si, mas provavelmente seus criadores nunca pensaram em epistemologia. São desenvolvimentos muito comuns – mas surpreenderam e arrastaram atrás de si a Lei e a Ordem tais como as víamos até os anos 70. Com sua postura pós-moderna, são os herdeiros legítimos da lógica da virada do século.

Por exemplo, hoje em dia somos capazes de realizar inseminações artificiais. E só essa técnica simples (tão simples que, com algum conhecimento básico, poderíamos executá-la sozinhos em casa) levanta uma série de problemas imprevistos. Por exemplo, se o sêmen usado para a inseminação vem de um doador anônimo, e se a criança

A revolução biológica

de repente quiser saber quem é seu pai, seria legítimo – e, além disso, não seria perigoso – identificar o pai? Ou então: se um pai deixou sêmen congelado em um banco de esperma e depois morreu; e se, depois disso, a mãe pede para ser inseminada com aquele mesmo sêmen para ter um filho, será que nós, como sociedade, queremos legitimar o nascimento de filhos de homens mortos? Ou ainda: será que, como sociedade, vamos querer apoiar a existência de bancos de esperma que oferecem exclusivamente sêmen de homens que ganharam o prêmio Nobel – unicamente por causa de lucros pessoais? E, se acharmos essa idéia ridícula ou perigosa, será que teremos argumentos para defender nossas posições diante da lógica dominante da economia de mercado?

A partir daí, já podemos ter uma idéia dos infinitos detalhes que podem fazer nosso Golem alcançar proporções inesperadas e ameaçadoras. Mas todos sabemos que, enquanto isso, nosso Golem ficou muito maior.

No final dos anos 70, também começamos a ser capazes de efetuar fertilizações *in vitro* (FIV). No sentido estrito, a fertilização *in vitro* pode resolver diversos problemas de infertilidade, tanto do homem quanto da mulher. Desse ponto de vista, é uma técnica útil, e pode ser muito reconfortante quando funciona. No entanto, com sua generalização, os problemas filosóficos começaram a se acumular.

Ao permitir a fertilização fora do útero materno, a fertilização *in vitro* nos permite, por exemplo, escolher o sexo do embrião. Técnicas para essa seleção já vêm sendo estudadas há muito tempo para aplicação em animais domésticos, e foram finalmente usadas em seres humanos no início dos anos 90. Diversas opções foram consideradas, a maioria delas baseada na morfologia peculiar dos cromossomos sexuais. Sabemos que Y é menor do que X. Sabemos que Y causa masculinidade. Sabemos que, a cada fertilização, as células dos óvulos e dos espermatozóides são haplóides, isto é, cada uma delas só contribuirá com um dos dois cromossomos sexuais do embrião. Os óvulos vêm das fêmeas, e as fêmeas são XX, então, quando o zigoto se forma, o óvulo só pode contribuir com um cromossomo X para o genótipo do futuro embrião. Mas as células dos espermatozóides são XY. Isso significa que, quando o zigoto se forma, a célula do espermatozóide pode contribuir com um X ou com um Y para o genótipo do futuro embrião. Sob condições naturais, a seleção do espermatozóide fertilizador é aleatória e feita entre milhares de competidores, de modo que nunca podemos saber se teremos um menino ou uma menina. No entanto, a FIV nos permite selecionar precisamente o tipo de espermatozóide que vai fertilizar o óvulo. Assim, se pudéssemos descobrir de antemão que cromossomo sexual cada espermatozóide carrega, poderíamos optar por espermatozóides X quando quiséssemos meninas, ou por espermatozóides Y quando quiséssemos meninos.

Na verdade, nós podemos optar.

O fato de os cromossomos Y serem menores do que os cromossomos X implica que eles têm menos DNA. E, hoje em dia, temos máquinas chamadas citômetros de fluxo que podem analisar para nós amostras de milhares de células e medir seu conteúdo de DNA. Assim, podemos passar o sêmen do pai pelo citômetro de fluxo e dividi-lo em duas populações, das quais uma terá células com conteúdo de DNA maior do que a outra. No final, teremos separado a população de espermatozóides que carregam o cromossomo X para produzir fêmeas da população de espermatozóides que carregam o cromossomo Y para produzir machos.

Parece meio inverossímil, e a maioria dos biólogos da reprodução assim pensou no início, mas está funcionando.

A escolha do sexo é potencialmente benéfica quando – como foi feito no Japão no primeiro caso divulgado de seleção de sexo, envolvendo vários casais – essa escolha acarreta a erradicação, em algumas famílias, de doenças hereditárias associadas a um dos cromossomos sexuais. No entanto, levando-se em conta a quantidade de civilizações que se especializaram em desconsiderar meninas e favorecer meninos, bem como a importância das combinações genéticas arbitrárias para o processo de evolução de cada espécie, a escolha do sexo provavelmente será feita de forma muito irracional quando deixada a critério dos pais, já que eles seriam movidos apenas por uma questão de preferência. Mas quem decide? Depois de estabelecido o sistema para se escolher o sexo dos embriões, se um casal quiser ter apenas meninos, quem tem condições de dizer que conhece a verdade e tem poderes especiais para negar esse direito ao casal? E que argumentos poderiam ser usados para essa negação, quando vivemos supostamente em um mundo livre?

A revolução biológica

Outra coisa que a fertilização *in vitro* permite é a armazenagem de embriões suplementares. No início do tratamento, os ovários da mulher são artificialmente estimulados por hormônios de modo a produzir mais de um óvulo maduro, quantidade normalmente liberada para a trompa de Falópio durante o ciclo: é a chamada superovulação, que hoje em dia causa rotineiramente a produção de dez a 15 óvulos por ciclo. Esses óvulos são mantidos em um meio de cultura adequado, sob condições corretas de temperatura, atmosfera e umidade, imitando os parâmetros internos do organismo. São então postos em contato com os espermatozóides do homem, que podem ser obtidos por meio de masturbação recente ou a partir de sêmen previamente congelado, coletado hoje com essa finalidade. Se tudo correr bem, teremos sólidas possibilidades de obter cerca de nove óvulos fertilizados. Destes, oito provavelmente começarão a se desenvolver, formando um embrião de duas células, depois de quatro, e depois de oito. É entre essa segunda e terceira divisão que o embrião é transferido para o útero materno. Normalmente transfere-se um máximo de cinco embriões por ciclo de FIV, em uma tentativa de maximizar a possibilidade de que pelo menos um deles se implante, dando lugar à gravidez propriamente dita.

Mas vamos verificar nossos números novamente.

Se obtivermos oito embriões perfeitamente saudáveis e transferirmos apenas cinco, ainda sobrarão três. Esses três, por sua vez, podem ser congelados em nitrogênio líquido e ficar em hibernação. Se a primeira tentativa de FIV falhar, isso significa que o casal pode tentar outra FIV no mês seguinte, sem ter de passar pelo incômodo de uma nova estimulação ovariana e da pequena cirurgia necessária para remover os óvulos.

Em suma, e voltando ao problema crucial.

A superovulação, e a conseqüente coleta de vários óvulos fertilizados ao mesmo tempo, permite que os médicos tentem repetir o procedimento caso a primeira tentativa falhe, sem ter de operar a mãe novamente para coletar os óvulos e, antes disso, sem ter de encharcá-la de hormônios. À primeira vista, esta parecia uma boa idéia.

Mas a verdade é que a primeira menina obtida a partir da fertilização *in vitro* nasceu em 1978. Naquela semana, a revista *Time* comparou o evento à criação do Golem. Apenas vinte anos depois, já estamos vivendo em um mundo repleto de vidas humanas em potencial suspensas em um limbo de nitrogênio líquido.

O que faremos com elas?

Jogamos fora, como fizeram recentemente alguns países europeus, o que provocou grandes protestos? Usamos para pesquisas? Podemos vendê-las? Devemos oferecê-las para adoção?

Em 1984, uma história incrível fez com que nos déssemos conta, com toda clareza, de como estamos despreparados para responder a essas perguntas. Um casal chileno milionário, sem herdeiros diretos, estava seguindo um programa de fertilização *in vitro* na Austrália. A primeira tentativa de gravidez não funcionou, mas dois embriões congelados sobressalentes, produzidos na primeira superovulação e inseminação artificial, ainda estavam aguardando sua transferência. No entanto, ao ver que os futuros pais estavam muito abalados, os médicos recomendaram que eles deixassem passar algum tempo e só tentassem de novo quando estivessem menos tensos e emocionalmente mais fortes. O casal então deixou Canberra com a intenção de voltar em uma época melhor para outra tentativa. No entanto, pouco tempo depois, marido e mulher morreram em um acidente aéreo, deixando para trás duas vidas em potencial congeladas em um hospital australiano.

Esses embriões deveriam ser considerados os herdeiros legais da fortuna do casal chileno? A família mais afastada certamente não pensava assim. Seguiu-se uma penosa disputa judicial. No entanto, apenas para resolver esse problema financeiro, que leis deveriam ser usadas? As leis australianas? Ou as leis chilenas?

Depois de muita aflição e de honorários legais astronômicos para tentar legislar no limbo, os embriões foram finalmente considerados órfãos e oferecidos para adoção (sem que disso decorresse um centavo, é claro). Sua história havia tocado os corações de casais australianos estéreis, e imediatamente surgiram vários candidatos a pais. Assim, o problema foi aparentemente resolvido. Mas não sem alertar o mundo para o vácuo criado quando a ciência da reprodução ataca primeiro e a legislação tem de correr atrás de seus avanços em meio a uma bruma de águas nunca antes navegadas.

A fertilização *in vitro* também permite que a mãe seja dividida em duas partes: se uma mulher é fisiologicamente incapaz de manter a gravidez, podemos transferir o embrião para o útero de uma mãe adotiva. Essa segunda mãe não contribui geneticamente para a formação do embrião, mas torna possível seu desenvolvimento e, mais tarde, seu nascimento. Mas será que de fato queremos permitir que a figura da mãe, um dos alicerces centrais de nossa auto-imagem, se torne estranhamente sem sentido? E se não quisermos que isso aconteça, mas a mãe genética em potencial quiser? E se, depois do parto, a mãe adotiva quiser para si a criança que carregou dentro de seu útero, e que se alimentou de seu sangue e cresceu ouvindo as batidas de seu coração? Quem está certo?

A paternidade também pode complicar o cenário. Por exemplo, hoje existem técnicas de FIV que permitem que homens se reproduzam mesmo que seus espermatozóides sejam incapazes de nadar ou de se fundir com o óvulo. Nesses casos, os médicos colhem o espermatozóide defeituoso com uma micropipeta e simplesmente o injetam no citoplasma do óvulo, queimando todas as etapas preliminares da fusão dos gametas. Esse procedimento é chamado de Injeção Intracitoplasmática de Espermatozóides (IICE), e hoje faz parte da rotina em qualquer clínica de FIV. É mais caro, mas recompensa os futuros pais com taxas de sucesso promissoras. Pode até ajudar homens cujos espermatozóides não fertilizam o óvulo por não conseguirem efetuar os últimos processos da espermatogênese, permanecendo, portanto, grandes e redondos, sem um núcleo muito condensado (pensem na diferença entre uma bola de futebol e uma bola de tênis) e sem uma cauda que os empurre para a frente. Graças à IICE, vários homens com esse problema já tiveram filhos em todo o mundo.

Qual seria o problema aqui?

Já que a IICE se tornou disponível nas clínicas de FIV há menos de cinco anos, é cedo demais para dizer. Mas há uma forte probabilidade de que esses problemas com espermatozóides imóveis, incapazes de se fundir ou imaturos, tenham origem genética. Nesse caso, é provável que os filhos da IICE portem a doença de seu pai. Daqui a algumas gerações, poderemos ter disseminado na população humana um gene mutante que, de outro modo, nunca teria sido transmitido, aumentando seriamente as taxas de infertilidade e com certeza avultando os custos médicos. Se deixados à própria sorte, muitos genes defeituosos se auto-regulam, tornando-se inadequados para a reprodução. É difícil prever o preço total que teremos de pagar por remover esses bloqueios naturais, mas é mais provável que tenhamos de pagar por eles do que o contrário.

Finalmente, ao recorrer cada vez mais a técnicas hormonais para controlar a ovulação e manter a gravidez, a fertilização *in vitro* chegou a um ponto que permite às mulheres terem filhos mesmo depois da menopausa. Com relação a isso, mais uma vez, existem obviamente vários prós e contras. Não há dúvida de que uma mulher na idade da menopausa é mais calma, mais sábia, mais experiente e mais estável do ponto de vista profissional e financeiro do que uma garota de 17 anos que engravide por acidente. Teoricamente, a primeira seria uma mãe melhor. Mas ela será capaz de lidar com a adolescência dos filhos quando tiver 65 anos de idade? É obviamente injusto ficar insistindo nesse ponto apenas em relação às mulheres, quando nossa sociedade parece achar normal – e mesmo divertido – quando um homem de setenta anos tem um filho. No entanto, mesmo antes de começar a descer o abismo dos papéis atribuídos pela imaginação social coletiva a pais e mães, um problema prosaico parece inevitável: se houver fertilidade depois da menopausa, haverá um crescimento mundial exponencial da orfandade. As crianças perderão seus pais mais cedo. Isso, pelo menos, ainda não somos capazes de evitar. E, mais uma vez, a gravidez depois da menopausa já aconteceu. Mas queremos que se torne uma prática comum? Ou não? E, mais uma vez – seremos capazes de explicar por quê?

Esses problemas, e muitos outros, têm sido um pesadelo para as comissões de ética mundo afora, a quem tradicionalmente se recorre depois do fato consumado para tomar decisões. As comissões de ética tomam suas próprias decisões. Mas e se, como cidadãos de uma democracia, não concordarmos com as comissões de ética? Posso sempre argumentar que ninguém é onipotente, e muito menos onisciente. Todos nós, a qualquer momento, podemos usar esse argumento. Conseqüentemente, como sociedade, todos temos de pensar bastante e decidir muito claramente o que esperamos de uma comissão de ética, e quanto poder estamos dispostos a lhe atribuir. Temos também de aprender a evitar a neurose de mudar constantemente as regras do jogo. Porque agora é realmente um jogo.

Deixem-me também assinalar o detalhe, longe de ser insignificante, de que os enormes problemas criados por essas técnicas podem ser

A revolução biológica

causados simplesmente por seus instrumentos mais básicos. As imagens de ultra-som, por exemplo, são muito úteis não apenas para a ginecologia, mas também para a medicina em geral. As imagens de ultra-som são muito úteis para todos nós. E todos já nos acostumamos à emoção de ver a imagem da ultra-sonografia que revela, pela primeira vez, o sexo do bebê.

Enquanto isso, na Índia, esses mesmos aparelhos de ultra-som estão sendo usados hoje, tanto nas grandes cidades quanto nos mais remotos vilarejos, para determinar o mais precocemente possível o sexo do feto – de modo que um aborto possa ser feito rapidamente se o feto for do sexo feminino. Podemos considerar essa prática uma terrível perversão. No entanto, mais uma vez, não somos uma família indiana pobre, vivendo em uma estrutura social muito complicada e sem nenhuma condição de, mais tarde, pagar o dote de nossa filha.

Notem que nenhuma das técnicas que discuti até agora tem alguma coisa que ver com engenharia genética. No entanto, com embriões obtidos em laboratório, e com a possibilidade de investigar o conteúdo genético do núcleo desses embriões, a engenharia genética também pode entrar no jogo e complicá-lo ainda mais.

Para entender melhor essa camada de entropia, vamos examinar as técnicas plausíveis por um instante. Conforme discutido na Parte Dois, poderemos ser capazes de efetuar a suposta terapia genética do futuro graças a métodos bastante engenhosos. Já que nenhum desses métodos foi testado ainda, é cedo demais para separar possibilidade sólida de ficção sedutora. No entanto, conhecemos um método que não tem nenhuma razão plausível para falhar. Precisamos apenas lembrar o processo pelo qual, espontaneamente e em condições naturais, os gêmeos idênticos são formados. Um óvulo liberado do ovário é fertilizado por um espermatozóide e começa a se desenvolver. Um embrião de duas células é formado. Cada uma dessas células é onipotente caso seja separada da outra: isso significa que cada célula tem dentro de si mesma o potencial para recomeçar o programa de desenvolvimento a partir do zero e dar origem a um bebê perfeitamente saudável. Se essa separação ocorrer de forma mecânica, antes ou durante a implantação no útero, nascem duas crianças que são verdadeiras cópias uma da outra. Um par de gêmeos naturais.

Do mesmo modo, se temos um óvulo fertilizado no laboratório, fora do corpo materno, podemos deixar esse óvulo se dividir em duas células, e então podemos separar essas células mecanicamente e sacrificar uma delas para estudar seu conteúdo genético. Teoricamente, em um futuro que não existe, mas que pode facilmente – se investirmos nele – vir a existir, se detectarmos genes ou cromossomos anormais, podemos manipular os genes da outra célula, remover os que se mostraram defeituosos e substituí-los por genes saudáveis, vindos de gigantescas "bibliotecas de genes" que já existem pelo mundo. Elas não incluem todos os genes humanos, porque ainda não os conhecemos. Mas estamos prestes a conhecê-los, graças ao colossal Projeto Genoma Humano, o investimento mais caro já feito em biologia. Estamos lentamente identificando nossos três milhões de pares de bases, as unidades primárias da dupla hélice do DNA. A estimativa atual é de que o trabalho seja concluído em 2004. Então saberemos muito melhor como manipular o quê, e quando.

É claro que, hoje, não podemos efetuar manobras desse tipo porque ainda não recebemos o sinal verde da sociedade para iniciar esse tipo de intervenção. Mas precisamos tomar decisões. Essa intervenção nos permitirá erradicar várias doenças genéticas de menor ou maior gravidade, do daltonismo à síndrome de Down, incluindo casos dramáticos como a fibrose cística. Mas ela certamente também deixará a porta aberta para todo tipo de capricho. Por que não manipular a cor dos olhos e dos cabelos? Por que não...?

Quanto mais soubermos quais genes humanos controlam o quê, mais vidas poderemos salvar ou melhorar. Mas isso também significa que mais vidas poderemos manipular ao sabor da moda do momento. Mais uma vez, nós queremos isso ou não? A escolha é nossa. De nós, seres humanos, e não de nós, cientistas.

Finalmente, depois de termos lidado com todas essas questões, o final dos anos 80 nos trouxe a possibilidade de clonar mamíferos. No início, essa técnica ficou restrita aos animais domésticos, desenvolvendo-se portanto longe da atenção do público. No entanto, em 1993, o mundo sentiu um enorme calafrio quando dois médicos americanos anunciaram haver clonado embriões humanos. No final das contas, isso não era verdade. No entanto, meu interesse agora não é discutir a verdade. Quero discutir o calafrio. Um calafrio que sentimos nova-

A revolução biológica

mente em fevereiro de 1997, só que muito mais intenso, com a clonagem de Dolly. A cópia exata de uma ovelha adulta sete anos mais velha.

Como isso poderia funcionar em seres humanos?

Se for feito sem objetivos e de maneira descontrolada, poderia levar às estranhas situações que já consideramos suspeitas há bastante tempo.

Em primeiro lugar, todos teríamos de nascer da fertilização *in vitro*, para que o processo pudesse ser mais bem controlado. Uma vez o óvulo fertilizado, esperaríamos que o embrião se dividisse em dois e então separaríamos as duas células. Uma delas seria transferida para o útero materno, e seria a célula da qual nasceríamos. A outra ficaria em cultura no laboratório até chegar, digamos, ao estágio do embrião de quatro células. Essas células seriam separadas e colocadas novamente em cultura no laboratório, até cada uma delas atingir novamente o estágio do embrião de quatro células. E pronto: teríamos quatro embriões que seriam cópias exatas um do outro – e a cópia exata da pessoa que, enquanto isso, se desenvolvia dentro do útero da mãe. Manteríamos os quatro embriões em nitrogênio líquido, e cada um de nós teria de reserva quatro cópias de si mesmo para recomeçar. Porque, em teoria, poderíamos reiniciar esse processo quantas vezes quiséssemos; seríamos tecnicamente imortais.

O que poderíamos fazer com essas cópias?

Várias coisas.

Por exemplo, eu nasceria e então, aos oito anos de idade, morreria em um acidente de carro. Meus pais, que me amavam muito, querem me ter novamente. Então eles iriam ao laboratório, pegariam uma das minhas cópias, transfeririam para o útero da minha mãe, e pronto. Eu nasceria de novo.

Ou: eu considerava meu pai o paradigma da perfeição. Quando tivesse idade suficiente para ter filhos, poderia ir ao laboratório, pegar uma das cópias do meu pai e transferi-la para o meu útero, e pronto – meu pai nasceria de novo, e agora seria meu filho. E meu pai original ainda poderia estar vivo, e ele seria simultaneamente pai e filho, avô e neto.

E assim por diante, até chegarmos a todas aquelas histórias de ficção científica sobre raças de super-homens conservados no freezer de regimes ditatoriais. Ou até ficarmos substituindo nossos órgãos doentes sem parar na esperança de nos tornar imortais, só para acabar morrendo de tédio terminal.

Estou descrevendo um cenário fictício. Nada disso jamais foi feito. E, já que as técnicas de clonagem de gado têm mais fracassos do que sucessos, talvez a verdade seja que, tecnicamente, nunca será possível fazer isso. Mas também é possível que a clonagem de gado encontre uma maneira de superar as limitações atuais e, nesse caso, teremos de decidir se, como seres humanos, estamos interessados nesse cenário ou não.

Tanto do ponto de vista do que vem sendo feito quanto do que poderia ser feito, espero que agora esteja absolutamente clara para todo mundo a razão por que comecei dizendo que essas técnicas nos colocavam à beira de uma verdadeira revolução biológica. Assim como em todas as grandes revoluções científicas do passado, esta também é uma enorme revolução social e cultural. Entre outras coisas, esse é sem dúvida um dos fatores que farão parte da linha de frente, forjando a face do terceiro milênio. O que me parece incrivelmente empolgante é que todas as revoluções científicas do passado, incluindo a colossal redistribuição de informações intelectuais do século XVIII, foram realizadas por minorias extremamente restritas de poucos privilegiados, e impostas sem uma discussão generalizada à grande maioria das pessoas, que não sabia ler nem escrever e estava ocupada demais com as simples exigências da sobrevivência diária para sequer ter tempo para pensar. Esta é a primeira vez que nos preparamos para embarcar em uma imensa revolução científica no contexto de um mundo que caminha rumo à democracia, onde, se me permitem o otimismo, a grande maioria das pessoas é, por definição, suficientemente instruída e, graças à experiência do aprendizado, suficientemente participativa para ser, com plena legitimidade, um parceiro ativo no processo da redefinição humanística que já está em curso.

Será que estamos prontos para nos lançar juntos nessa aventura?

Será que, juntos, podemos controlar o nosso Golem sem ter de delegar todas as responsabilidades aos poderes excepcionais de dois ou três rabinos?

Será que, a cada vez que apagarmos o *aleph*, saberemos explicar por que decidimos fazê-lo?

A revolução biológica

Em outras palavras: será possível realizar revoluções realmente democráticas e genuinamente coletivas? No que me diz respeito, mesmo consciente de que esse cenário é paradoxal por natureza – as revoluções, por definição, não são nem democráticas nem coletivas –, espero que isso seja possível. Mas tenho certeza de uma coisa: só estaremos qualificados para sermos parceiros ativos se estivermos adequadamente informados. Na grande revolução biológica do terceiro milênio, avaliar a informação é muito mais do que um direito sagrado de cada cidadão. É um dever imperativo.

CAPÍTULO IV

O que um nome tem

Não foi por acaso que decidimos usar os termos "clone" e "clonagem" para nos referir, respectivamente, aos indivíduos nascidos da manipulação nucleocitoplasmática dos embriões e à técnica que permite seu nascimento. Ao fazer isso, estávamos apenas recorrendo a uma designação há muito tempo conhecida e testada para um procedimento, no final das contas, misterioso. No entanto, essa escolha fácil acabou se revelando não ter sido a mais inteligente. Popularizado inicialmente pela ficção científica, o termo "clonagem" ganhou conotações pejorativas e assustadoras aos ouvidos de um leigo, a tal ponto que, durante os anos 90, os especialistas começaram a pensar duas vezes antes de usá-lo em público. Para aumentar a confusão, o termo "clone" também é aplicado a várias outras identidades que nada têm que ver com a cópia de organismos preexistentes. Este capítulo explora a gênese da palavra que todo mundo usa hoje em dia como nunca, e seu objetivo é descobrir suas ramificações em nosso léxico corrente.

A história da palavra "clonagem" é particularmente interessante do ponto de vista lingüístico: o termo nasceu na área científica, a ficção científica se apropriou dele, e mais tarde ele voltou à ciência, para designar um terceiro fenômeno diferente dos dois anteriores.

Já que é tão óbvio que várias plantas podem ser replicadas a partir de um simples galho, é bem provável que as primeiras civilizações agrícolas já tivessem experiência no uso dessa técnica. De fato, a etimologia do termo encontra-se em uma palavra grega que designa um pedaço cortado de uma planta. No entanto, o substantivo clone só entrou oficialmente para a língua inglesa em 1903, designando o que nossos ancestrais já vinham produzindo há séculos: grupos de plantas exatamente idênticas em sua composição genética devido à sua propagação por mudas, e não por sementes. Na agronomia, a técnica se desenvolveu com muita rapidez. Em 1929, foi aplicada a bacilos com o mesmo sucesso.

Quando foi que o alarme disparou pela primeira vez?

O termo "clone" aparece na ficção científica já em 1915, na coleção *Master Tales of Mistery by the World's Most Famous Authors of To-Day*, organizada por Francis Joseph Reynolds. É difícil dizer quando ele ganhou realmente uma denominação demoníaca, mas o cenário sombrio proposto por Aldous Huxley em 1932, em *Admirável mundo novo*, com suas prateleiras cheias de frascos com cópias idênticas de seres humanos esperando ordens do governo para nascer, foi certamente um dos avisos mais eficazes do perigo iminente.

Essa tradição foi perpetuada por trabalhos como as fantasias pseudocientíficas de *O choque do futuro*, de Alvin Tofler, publicado em 1970; com a trilogia *Futurelove: A Science Triad*, de Gordon R. Dickson, em 1977; ou com *In His Image: The Cloning of a Man*, publicado em 1978 por David Rorvik. Durante essa década, a comunidade acadêmica também estava demonstrando os primeiros sinais de apreensão, como fica claro com a publicação dos ensaios de Paul Ramsey, *Fabricated Man: The Ethics of Genetic Control*, pela Yale University Press.

Assim, o termo clonagem prosperou na literatura durante décadas, bem como no cinema. Em ambos os casos, a palavra se referia a uma técnica nunca antes usada a serviço de causas nobres. Finalmente vieram os anos 80, e com eles o filme *Blade Runner – O caçador de andróides*. E o filme *Os meninos do Brasil*. E também a clonagem de mamíferos em laboratórios científicos.

Já que "clonagem" significa basicamente "cópia", o termo estava agora sendo usado na ciência para um grande número de processos não diretamente relacionados, como a "clonagem" de células específicas de um hibridoma para a produção de anticorpos, ou a "clonagem" molecular, ou a "clonagem" de DNA – e até mesmo a "clonagem" de computadores, já que todos os computadores comumente conhecidos como "PCs" são "clones" de um modelo da IBM. No entanto, a "clonagem" que nos remete instintivamente às histórias de horror da ficção científica não está relacionada a nenhum desses usos.

A técnica em questão deve seus primeiros passos às experiências "um tanto fantásticas" (nas palavras do próprio autor) propostas em 1938 pelo ganhador do prêmio Nobel Hans Spemann em *Embryonic Development and Induction*. Essas experiências pretendiam determinar se diversos genomas celulares eram mesmo idênticos: seria necessário implantar o núcleo de uma célula já diferenciada em um óvulo cujo núcleo original houvesse sido removido, e em seguida verificar se esse núcleo era capaz de comandar todo o desenvolvimento do organismo resultante daquele óvulo. Esse novo organismo deveria ser também, no final, a cópia exata do organismo que continha a célula cujo núcleo fora usado para a experiência.

O cenário "fantástico" de Spemann tornou-se realidade com os experimentos pioneiros feitos em anfíbios por Robert Briggs e Thomas J. King, que anunciaram sua primeira "transferência bem-sucedida em animais vivos" na prestigiosa revista *Proceedings of the National Academy of Sciences of the U.S.A.*, em 1952. O mesmo grupo publicou mais e ainda melhores resultados em 1957, sendo imediatamente seguido pelo trabalho de John B. Gurdon em 1960. Em meados dos anos 60, girinos de várias espécies de anfíbios já eram produzidos regularmente por "clonagem" em diferentes laboratórios, com altas taxas de sucesso. Gurdon publicou uma crítica importante sobre todo esse assunto em 1964 e, em 1966, com a constante melhora dos protocolos experimentais, finalmente esses girinos conseguiram realizar a última metamorfose para chegar ao estágio adulto. As técnicas e seus pré-requisitos foram estabelecidos de maneira cada vez mais sólida, e descritos de forma sistemática em 1978 por Robert Gilmore McKinnel em "Cloning – Nuclear Transplantation in Amphibia": uma crítica dos resultados obtidos com a técnica acrescida de um discurso sobre os métodos da profissão. Uma publicação similar foi lançada no mesmo ano sob a supervisão de Stephen Subtelny e Ian M. Sussex, com o título *The Clonal Basis of Development*.

O pulo dos anfíbios para os mamíferos já estava previsto quando, um ano depois, McKinnel publicou *Cloning: a Biologist's Report*. Tudo parecia pronto para decolar, em vários laboratórios espalhados pelo mundo.

O que um nome tem

Infelizmente, esse progresso contínuo não seria possível. Seguiram-se vários anos de tentativas infrutíferas, até que, em 1985, McKinnel publicou *Cloning of Frogs, Mice and Other Animals*. E foi apenas no final dos anos 80 que o *boom* aconteceu.

É importante assinalar, para melhor entendimento dos problemas associados ao termo, as áreas específicas em que este último avanço ocorreu. Artigos como "Cloning in Sheep and Cattle Embryos" (Marx, 1988), "Prospects for the Commercial Cloning of Animals by Nuclear Transplantation" (Robl e Stice, 1989), ou "Current Successes in Cloning Mammalian Embryos" (Stice e Robl, 1989) tratam apenas da aplicação da clonagem a animais domésticos.

A designação técnica dos mamíferos nascidos desse tipo de clonagem é "embriões produzidos por transferência nuclear". No entanto, mais uma vez, já que o termo é difundido e de fácil compreensão, os próprios cientistas preferem se referir a esses mamíferos como "clones". As pessoas recorrem a essa terminologia mais simples ao falar com membros de sua própria equipe, ao ter conversas formais ou informais durante reuniões científicas, e mesmo ao jogar conversa fora com membros do mundo não-científico.

O grande problema é que os membros do mundo não-científico não conhecem todos esses detalhes técnicos. Assim, quando ouvem a palavra "clone" sendo usada em referência a mamíferos, continuam a ouvir *Admirável mundo novo*. Um exemplo perfeito dessas referências cruzadas foi o pandemônio criado em novembro de 1993, pouco depois de a imagem pseudocientífica (e extremamente errada) da "clonagem" explodir nos cinemas com o filme *Parque dos dinossauros*.[1] Com todos os seus efeitos espetaculares e seus dinossauros sedentos de sangue humano, *Parque dos dinossauros* instalou um novo patamar de confusão na cabeça das pessoas, porque usava uma quantidade suficiente de jargão técnico e de imagens de laboratório para passar a impressão de uma possibilidade real. No entanto, a possibilidade não poderia ser mais irreal: ao cair na armadilha da confusão freqüente entre clonagem de DNA e clonagem de organismos, os roteiristas do filme se esqueceram completamente da necessidade de óvulos viáveis de dinossauro da espécie correta para dar vida a animais copiados. Não havia nada de errado com a idéia de DNA fossilizado retido no sangue de antigos mosquitos aprisionados em âmbar. Na verdade, dois artigos científicos relatando procedimentos similares (embora o sangue em questão não fosse o de dinossauros) foram publicados logo depois na muito influente revista *Nature*. Mas muita gente do meio científico estava errada no que diz respeito à idéia de que seqüências de DNA recuperadas podem levar diretamente a dinossauros vivos por meio de algum tipo de criação *ex nihilo* inexplicável, sem que antes esse DNA inativo seja convertido em cromatina ativa, e sem que ele seja transferido em seguida para dentro de um óvulo enucleado vivo. Era impossível esperar que o público percebesse que o enredo estava cheio de falhas sutis desse gênero. Assim, a história toda ficou parecendo real. E a moral da história não poderia ter sido mais aterradora.

Em seguida, com *Parque dos dinossauros* e os delírios de cientistas malucos ainda frescos na mente do público, veio o então grande susto da vida real. Jornais e revistas do mundo todo (incluindo a muito digna revista *Science*) anunciaram em manchetes históricas: "Cientistas CLONARAM embriões humanos."

Ironicamente, esses "clones humanos" nunca foram sequer produzidos por transferência nuclear. E certamente não eram clones viáveis, já que o material original era de células humanas defeituosas. Todos se degeneraram depois do quarto ou quinto ciclo de divisão celular. E, mais importante, o processo usado para obter essas amostras, conhecido como enxerto ou divisão embrionária, destina-se exclusivamente à produção de gêmeos – o que significa que não tem absolutamente nada que ver com a obtenção de cópias de originais preexistentes. Gêmeos verdadeiros, como os produzidos com essa técnica, são de fato geneticamente idênticos – mas não são, de modo algum, geneticamente iguais a nenhum de seus progenitores; e não há como prever a composição de seu genótipo.[2] O que Hall e Stevens, os dois pesquisadores da clínica de FIV da Universidade George Washington que produziram essa estranha informação, estavam fazendo manipulando células humanas moribundas? Mais uma vez, as intenções científicas não tiveram nada que ver com clonagem humana. O uso desse rótulo equivocado foi uma manobra incrivelmente leviana da administração da universidade, que parece ter acreditado que a associação com a clonagem era um ótimo golpe de relações públicas.

Na verdade, o foco de Hall e Stevens havia sido, durante muito tempo, o desenvolvimento de técnicas para a reconstrução artificial da camada protetora que envolve os embriões de mamíferos, chamada *zona pellucida*. Essa camada é absolutamente necessária ao desenvolvimento embrionário anterior à implantação, porque isola os blastômeros da influência do meio externo, protege-os de danos mecânicos e os mantém organizados e coesos. No entanto, a *zona* é muitas vezes rompida tanto por microinjeções quanto pelo simples manuseio dos embriões com as micropipetas necessárias a qualquer tipo de fertilização *in vitro*. Quando isso acontece, estamos condenando os óvulos ou embriões à morte inevitável. *Zonas* artificiais seriam extremamente úteis aqui, e não há outra maneira de estudar a probabilidade de produzi-las a não ser recorrendo a embriões humanos inviáveis. Já que os pesquisadores nunca têm acesso a muitos desses desafortunados embriões humanos (e a maioria das pessoas alega que não deveriam ter), gemelar artificialmente os que estão disponíveis é uma alternativa inteligente.

Uma vez que Hall e Stevens não obtiveram resultados conclusivos de seu estudo, eles nem sequer o publicaram. Simplesmente o apresentaram aos colegas em um congresso de FIV no Canadá. É extremamente importante ter esse detalhe em mente, porque uma apresentação informal durante um congresso é diferente de uma publicação devido a um importante detalhe: o ato de publicar significa que os relatórios são verificados por outros especialistas da mesma área, debatidos com os autores, geralmente detalhados e pesquisados com mais minúcia, e que só os resultados considerados válidos e verossímeis pela comunidade científica são publicados. Os "clones humanos" da George Washington nem sequer haviam chegado a esse estágio de avaliação.

Outro aspecto é igualmente relevante, porque nos mostra o fiasco que em geral ocorre quando os cientistas são chamados para explicar suas atividades ao público: uma vez que nunca foram preparados para fazer isso, eles com freqüência se tornam repentinamente incapazes de se expressar. Assistir a Hall e Stevens no programa *Larry King Live* foi uma experiência de cortar o coração. Aqueles dois homens produziram sólidos trabalhos durante a vida toda, mas nunca haviam sido preparados para enfrentar a tensão pública em torno de sua área. É sempre perturbador ver cientistas em situações difíceis, pois, por mais que tenham sido treinados para discutir os detalhes de seu trabalho com colegas ou alunos, eles nunca podem prever as perguntas desestabilizadoras feitas pelo grande público. Se os telespectadores chegaram ao final do programa pensando ter visto confirmados seus temores mais profundos de que os cientistas não têm idéia do que estão fazendo, não poderíamos culpá-los.

A carga do termo "clonagem" também foi aumentada por esse episódio. Mesmo depois de revelados os verdadeiros objetivos da experiência, a mídia decidiu continuar a contar histórias sobre clones humanos, pois sabia como essas histórias atrairiam o público. A influência disso foi tão grande que até mesmo a escrupulosa revista *Time*, no mesmo artigo que reproduzia declarações de cientistas do mundo todo insistindo em que os experimentos de Hall e Stevens eram muito preliminares, e de qualquer maneira não eram significativos para a clonagem, não resistiu em qualificá-los duas vezes de "um marco", sob a chamativa bandeira de uma capa sobre "clonagem" tornada ainda mais impressionante por efeitos de computação gráfica. Assim, a partir do momento em que a palavra "clonagem" foi usada nesse episódio de 1993, o estrago estava feito e a tensão começou a aumentar. A clonagem começou a ser vista como um preocupante jogo dos cientistas. A essa altura, a clonagem também estava começando a se revelar um investimento pouco rentável para a indústria, amargurada por sucessivos fracassos em projetos com gado. Assim, o resultado desse duplo desastre foi a chegada dos dias em que "clonagem" passou a ser uma palavra proibida.

Essa interdição lingüística pode nos parecer inacreditável hoje, mas ela aconteceu durante os anos 90 e só terminou recentemente. O desconforto causado pelo uso aleatório de uma terminologia descuidada teve tanta repercussão que laboratórios financiados por grupos industriais para desenvolver projetos de pesquisa destinados a melhorar as técnicas de transferência nuclear receberam ordens expressas de jamais empregar o termo "clonagem", já que era considerado pelas empresas financiadoras um terrível erro de relações públicas. Ao mesmo tempo, os cientistas alertavam uns aos outros para evitar o uso de "clonagem" em pronunciamentos públicos, por medo de um novo protesto popular que acabaria fechando seus laboratórios, se não pela força, então por uma série de novas proibições combinadas com cortes drásticos nos financiamentos públicos e privados. Foi só depois que o nascimento de Dolly aumentou a probabilidade de a técnica ter vindo

O que um nome tem

para ficar e possibilitou resultados tangíveis que a palavra "clonagem" voltou a ser liberada de restrições entre os cientistas.

Assim, esse nome percorreu um longo caminho. Todas as vezes que o usamos, deveríamos ter em mente que as curvas do caminho que ele percorreu lhe inculcaram diversas conotações confusas. Todos precisamos nos certificar de que, quando dizemos "clones humanos", estamos realmente querendo dizer "clones humanos".

PARTE DOIS

Fogos de artifício

Muito bem. Fizemos nosso dever de casa. Então agora estamos prontos para uma mudança radical de ritmo. Em vez de nos interessarmos pelo conhecimento e pelo entendimento preliminares das técnicas atuais, vamos embarcar em uma jornada por futuros prováveis. Esses futuros não são nosso destino obrigatório. Podemos decidir navegar em sua direção, ou podemos optar por nos distanciarmos totalmente desse rumo. Se decidirmos seguir em frente e explorar o grande desconhecido, podemos ou não trazer clones humanos para esse cenário. Se tomarmos a decisão de fazer isso, não será por causa de exércitos clonados ou clones de gênios mortos. Será com o objetivo de desenvolver um novo ramo da medicina, um ramo que poderia aliviar muitos de nossos sofrimentos, assim como nos poderia fazer ter de suportar dramas imprevisíveis.

Uma medicina que usasse clones humanos poderia mudar nossas vidas para sempre de várias maneiras.

Armados com clones humanos, não precisaríamos mais deixar nossos órgãos envelhecidos degenerarem.

Podemos chegar até mesmo a pensar em nossos próprios clones como reservatórios vivos de partes de nós mesmos.

Podemos começar a modificar geneticamente nossos filhos, para que eles não tenham doenças genéticas. Já que estamos fazendo isso, podemos aumentar suas chances de ter um belo futuro, tornando-os fisicamente bonitos (eles não serão maltratados pelas outras crianças na escola e, quando chegar a hora, todos terão os atributos para permitir que encontrem um parceiro com facilidade), mentalmente sãos (não vão acabar paralisados por uma terrível depressão) e intelectualmente aptos (irão bem na universidade e encontrarão bons empregos imediatamente).

Queremos fazer isso?

A lenta degradação de nossos órgãos vitais é um princípio fundamental do envelhecimento. E o envelhecimento é o processo natural de preparação para nossa morte. Como sempre, não queremos morrer. E certamente não queremos viver com a destruição causada pelas doenças degenerativas. Tenho certeza de que todos ficariam contentes com a possibilidade de substituir partes do corpo defeituosas por cópias novinhas equipadas com nosso próprio genoma, as únicas cópias que nosso organismo não consideraria intrusos estranhos nem escolheria como alvo de ataques maciços de células assassinas. No entanto, ao nos manter sempre em boa saúde, vemo-nos diante do risco considerável de viver por muito mais tempo. Alguns especialistas prevêem que a substituição seletiva de órgãos doentes por novos órgãos clonados, qualquer que seja a técnica utilizada, aumentaria nossa expectativa de vida para mais de trezentos anos. Se essa idéia, a princípio, parece atraente, pensem que ninguém ainda experimentou suas conseqüências. No mínimo, poderíamos acabar ficando imensamente entediados. Ninguém sabe o que é permanecer vivo depois que o ciclo de vida deveria ter se fechado.

O tédio, no entanto, poderia logo se tornar a menor de nossas preocupações. Supondo que essas técnicas não conseguissem superar as limitações temporais de nossos anos férteis (ainda não se tem nenhuma idéia de como aumentar nossa idade reprodutiva), nosso contingente cada vez maior de cidadãos idosos faria enorme pressão para que as gerações mais jovens se reproduzissem menos. De outra maneira, o planeta logo estaria ainda mais superpovoado do que já está. Essa pressão acarreta um novo tipo de discriminação, na qual os filhos pagam pela vida de seus pais ao verem seu próprio direito de ter filhos insidiosamente diminuído. Além do mal-estar social que isso logicamente geraria, essa queda nas taxas de fertilidade acabaria por escassear o fundo genético da população humana, ameaçando a diversidade que a reprodução sexuada deveria assegurar, e danificando os pré-requisitos mais fundamentais para o sucesso a longo prazo de qualquer espécie. Incluindo a nossa.

Menos reprodução e vidas mais longas provavelmente também estagnariam nossa cultura. Não temos como saber se ainda seremos

Fogos de artifício

intelectualmente criativos depois dos noventa anos. É impossível prever se essas veneráveis pessoas de duzentos anos ainda teriam novas idéias com as quais contribuir, romances instigantes a escrever, formas musicais novas e inovadoras a explorar. Além disso, já que menos pessoas nasceriam a cada geração, o número de novas vozes, novas visões e, portanto, de novas e revolucionárias descobertas cairia drasticamente. Poderíamos acabar criando a civilização mais letárgica de todos os tempos.

E, mais uma vez, o acréscimo de idosos acarretaria problemas de previdência social em uma escala jamais vista. Usar clones para reparar órgãos pode ser possível, mas certamente será muito caro. Quanto mais velho cada um de nós ficasse, mais freqüentes teriam de ser esses reparos. O primeiro efeito colateral desagradável seria a criação de um novo sistema de castas sociais, no qual os ricos teriam a opção de viver muito mais do que os pobres. O segundo efeito colateral teria proporções econômicas terríveis. As disparidades econômicas seriam transformadas em disparidades biológicas de um modo jamais visto na sociedade humana. Além disso, se todos esses cidadãos idosos se aposentassem por volta do final dos sessenta anos, a proporção do setor não-produtivo aumentaria além dos limites da imaginação. E ainda se esperaria que os governos encontrassem dinheiro para seus planos de saúde.

Por outro lado, a engenharia genética que tornaria nossos filhos saudáveis e belos tem seus prós e contras, e a maioria deles pode ser percebida de cara. No entanto, alguns aspectos são muito sutis e podem ser bastante devastadores. Do mesmo modo que a manipulação genética nos permitiria erradicar a fibrose cística, também conseguiríamos erradicar um amplo espectro de neuroses. À primeira vista, isso parece maravilhoso, já que ninguém quer viver com múltiplas personalidades ou com surtos patológicos de ansiedade. Ainda assim, por mais dolorosos que esses problemas mentais e de saúde possam ser para seus portadores, eles sempre tiveram um papel importante na evolução de nossas culturas. Se os seres humanos se tornassem universalmente plácidos e satisfeitos consigo mesmos, não sobraria ninguém para contestar nada. Não haveria mais espíritos inquietos, nem utópicos, nem vozes bradando no deserto, implorando ao rebanho adormecido que despertasse. Um benefício pessoal sólido pode levar a uma condenação global.

Com a clonagem humana em nosso futuro, a qualidade de nossa vida poderia ser imediatamente melhorada de diversas maneiras. No entanto, no final das contas, os seres humanos correm o risco de se tornar um triste bando de velhotes, mortos de tédio em um planeta totalmente asséptico.

Esta seção não tem mais lugar para opiniões pessoais. Nenhuma entidade maior acima de nós gravou em alguma pedra a coisa certa a se fazer nessa encruzilhada. Não escrevi para convencer os leitores a concordarem comigo. Eu o fiz para pedir aos leitores que se livrem da indiferença. Isto é importante. Devemos coletar toda a informação que pudermos, ouvir o máximo de opiniões possível, iniciar um debate global e tentar escolher um caminho. As idéias e perspectivas que vocês vão encontrar daqui para a frente são as idéias e perspectivas embaladas atualmente pelos cientistas da clonagem. Algumas delas podem, um dia, se tornar realidade. Por favor, não tenham medo. Levem isso a sério.

CAPÍTULO 1

Noite quente de agosto

Vocês já se perguntaram o que os cientistas falam quando ninguém mais está escutando? Se dois colegas que trabalham com clonagem de mamíferos estão apenas juntos uma noite, relaxando e bebendo depois de um longo dia de trabalho, como poderia ser sua conversa? Aqui está. Baseada em uma história real.

Jim e eu nos conhecemos bem. Somos amigos. Ele é louco. Deve ser por isso que eu gosto tanto dele. Já trabalhei em seu laboratório, e desde então temos mantido contato. Fizemos várias experiências lado a lado, publicamos artigos juntos e gostamos muito de fazer isso. Agora eu o estou infernizando de novo, desta vez para saber mais sobre os últimos avanços no front da clonagem. Revisamos informações, detalhes, experiências e projetos, até nosso papel acabar e meus dedos doerem de tanto tomar notas. Então decidimos encerrar os trabalhos daquele dia e sair para beber. Estávamos animados – refletir juntos sobre clonagem tem o poder de disparar ondas de adrenalina pelo corpo e pela alma de uma pessoa. Igualzinho aos velhos tempos das maratonas de laboratório.

Lá fora ainda estava quente e abafado, uma daquelas noites úmidas de agosto em Massachusetts, quando o ar que respiramos quase nos afoga e todas as coisas ficam paradas, entorpecidas. Tinha de ser agosto: não havia quase ninguém aproveitando o final do verão na rua principal de Amherst. Decidimos nos sentar do lado de fora do grande terraço do The Pub e nos descontrair um pouco. Pedi uma *piña colada*. Jim escolheu uma vodca com tônica.

— Então — provoquei. — Alguma notícia das malditas ovelhas nesses últimos dias?

— Bom — Jim deu o sorriso irônico que é sua marca registrada. — Veja as coisas assim: pelo menos agora a gente está livre para usar a palavra clone o quanto quiser, e o público definitivamente está interessado no que estamos fazendo. E as empresas estão dispostas a investir de novo. Sabe, a situação chegou a ficar bem deprimente durante algum tempo... no início dos anos 90, quando ninguém acreditava na gente.

— Ah. Então agora o Jim ama a Dolly.

— Dá um tempo. Eu já contei o que realmente me tirou do sério?

— O quê?

— Bom, lembra-se do começo dessa primavera, quando a nossa empresa clonou aqueles seis bezerros transgênicos?

— Como eu poderia esquecer?

— Então, os bezerros nasceram, e um jornal publicou uma matéria com um título mais ou menos assim: PESQUISADORES DA UNIVERSIDADE DE MASSACHUSETTS PRODUZEM CLONES DE INTERESSE FARMACÊUTICO. A matéria era realmente sobre o nosso trabalho. Mas sabe o que eles usaram como ilustração? Uma foto daquela ovelha idiota!

— Eles têm de vender jornais, entende? A maldita ovelha é uma superstar. Os seus bezerros são só parte do elenco de apoio.

— Outro dia eu disse ao Ian que estava de saco cheio dessa ovelha.

— É por isso que não vemos mais você manuseando o micromanipulador?

— Ei, olha quem fala!

— Como assim?

— Você nunca aprendeu a usar o micromanipulador direito na vida!

— Ah, os homens são tão ingratos. Você me manteve ocupada tirando todas aquelas fotografias imunofluorescentes, lembra? Por um salário bem ruinzinho, devo acrescentar.

— É. A gente precisa do financiamento de um milionário para poder contratar um bando de escravos.

— Bom, já que você agora tem tanto jogo de cintura, talvez pudesse levar um papo com o milionário do cachorro.

Noite quente de agosto

— Não há chance, infelizmente. Ele deixou bem claro que os cinco milhões são exclusivamente para animais de estimação.

— Aposto que os donos de lojas de animais já estão rosnando com essa idéia toda.

— Talvez. Mas eu acho que o cara tem certa razão. Quero dizer, muitas pessoas realmente se apegam a seus cachorros. Tenho certeza de que adorariam cloná-los quando o original começa a ficar tão velho que são obrigados a sacrificá-lo.

— Continuo achando completamente absurdo.

— Quem liga para o que você acha?

— Isso me lembra aquela pessoa que ligou para você um dia, quando foi... há uns dez anos? Aquela que queria clonar galgos de corrida.

— Isso vai ser feito algum dia. Aposto com você dez contra um que o milionário do cachorro vai ter sua equipe pronta para começar a clonar animais de estimação moribundos dentro de cinco anos.

— Como estamos até aqui?

— Bem, obrigada.

— Eu vou querer outra vodca com tônica.

— Nossa, a primeira desceu bem rápido.

— Está quente.

— Sim, é a única época do ano em que a vida é algo mais do que sobrevivência.

— Olha só, chega de papo furado. Quer saber o que eu realmente adoraria fazer depois?

— O quê?

— É o meu sonho. Mas esse precisa mesmo de um milionário por trás.

— Conta.

— Lembra-se do *Parque dos dinossauros*?

— Não me faça vomitar.

— Bom, eu estive pensando. Talvez a idéia de fazer dinossauros de verdade a partir de moléculas de DNA isoladas não seja tão impossível.

— Como assim? Você quer dizer que a gente poderia fazer o DNA funcionar sozinho como um núcleo viável?

— Não. É claro que não. Mas lembra o que acontece com o núcleo do espermatozóide depois que ele penetra no óvulo?

— Ele dá a volta ao mundo e muda completamente de aparência.

— Exatamente. O núcleo do espermatozóide entra no citoplasma do óvulo, e o que o citoplasma do óvulo faz? Retira as membranas do núcleo, depois as proteínas, e as substitui por membranas e proteínas derivadas do óvulo, certo? Então, é isso. A única coisa do núcleo do espermatozóide que é realmente usada para formar o zigoto é o DNA do espermatozóide. O citoplasma do óvulo cuida de todo o resto. Então, se a gente pudesse obter moléculas intactas de DNA de uma espécie extinta e transferi-las para óvulos vivos enucleados, e em seguida ativar o óvulo, posso apostar o que você quiser que, a longo prazo, seria possível descobrir como fazer o citoplasma do óvulo ativar esse DNA com proteínas e membranas derivadas do óvulo para construir um núcleo funcional. Sei que isso tudo requer uma fé espetacular, mas acho tudo muito estimulante.

— Você não está queimando um monte de etapas aí?

— Arrume um milionário e uns vinte anos. Quando a gente conseguir acertar todos os parâmetros, vai ter um clone potencialmente viável de uma espécie extinta há muito tempo.

— Peraí. Se a espécie está extinta há anos, onde você vai conseguir os óvulos viáveis dessa espécie para ter um embrião funcional?

— Não é tão problemático quanto parece à primeira vista, eu acho. Todas as informações reunidas até agora apontam na mesma direção: contanto que o óvulo venha de uma espécie próxima, ele ainda será capaz de travar um diálogo bem-sucedido com o DNA transferido.

— E o que você sugere para os dinossauros?

— O consenso não é que os dinossauros eram parentes próximos dos pássaros?

— Mas que burrice! Acabou de ser reprovada. Os pássaros vieram de um grupo separado de dinossauros corredores, só isso. Pelo que sei, os parentes mais próximos dos dinossauros ainda vivos hoje em dia são os crocodilos. É uma boa distância, se quiser saber o que eu acho.

— E daí? Você não gostaria de tentar?

— Com espécies que foram varridas da Terra há 66 milhões de anos?

— A gente teria de começar com alguma coisa bem mais próxima, eu acho. Imagine que ainda existam dodôs empalhados por aí. Hem? Se a gente pudesse encontrar o DNA intacto de um dodô, talvez pudesse trazer a espécie de volta à vida usando óvulos de pombo, por exemplo.

— Sai dessa.

— Olha, fizemos aqueles embriões híbridos de seres humanos e vacas, não é? A patente é de domínio público. Usamos óvulos de vaca e núcleos humanos. Alguns embriões chegaram a virar blastócitos.

— Ah, francamente. Qualquer coisa pode chegar a esse estágio!

— Claro, mas a gente não estava planejando transferir esses embriões para um útero e tentar criar uma criatura bizarra. É claro que isso nunca teria funcionado.

— Mas o que vocês estavam tentando fazer exatamente? Quero dizer, certamente estavam tentando dar um grande susto nas pessoas tornando públicos esses resultados, e eu posso entender como uma reação generalizada seria importante para a sua empresa, para testar o clima e saber se valia a pena seguir naquela direção. Vocês poderiam também ter desencadeado um horrendo protesto público e ter tido as asas cortadas pelos políticos imediatamente. Que bom que todo o mundo estava distraído com o Bill e a Monica. Mas francamente, tirando o fato de ser uma provocação, para que vocês querem células híbridas de seres humanos com vacas?

— Por que você está tão exaltada? De qualquer maneira, essa linhagem de células morreu alguns meses atrás.

— E vocês ainda têm uma patente requerida para isso?

— Olha, a gente criou essa técnica. E certamente quer repetir o procedimento e tentar encontrar um jeito de tornar essas células imortais. Mas essas experiências levam tempo e são caras, como você sabe. Se a empresa vai investir nelas, eles certamente querem ter certeza de que ninguém vai aprovar uma lei que nos proíba de usar nossos esforços.

— Você acha mesmo que alguém em sã consciência vai deixar vocês criarem híbridos vivos de gente com vaca?

— Você sabe que híbridos vivos desse tipo estão totalmente fora de cogitação do ponto de vista biológico, então por que a pergunta? Vacas e seres humanos são muito distantes. Com essas experiências, a gente conseguiu exatamente o que queria: criar uma colônia de células-tronco; e a gente ainda espera repetir isso até fazer com que essas células-tronco se diferenciem em tipos celulares que a medicina possa usar para realizar transplantes de células.

— Isso é bem diferente de ressuscitar uma espécie morta, meu amigo.

– Às vezes você me deixa maluco.
– É, sou boa nisso.
– Não, senhora, você é muito apressada. Só estou tentando lembrar a você que os embriões de espécies cruzadas são possíveis, e nós sabemos que são. Então, para voltar ao meu argumento inicial, lembre-se apenas de que um dia os animais domésticos tiveram um ancestral comum na natureza. As vacas não passam de raças modificadas de auroques, não é? Então, do ponto de vista da evolução, os dois são muito próximos. Um óvulo de vaca poderia ler a informação genética de um auroque. Não existe nenhuma razão para pensar o contrário. Os núcleos de auroques empalhados nos museus podem estar mortos, mas ainda têm dentro de si as moléculas de DNA. E não esqueça que a gente pode replicar essas moléculas de DNA à vontade usando a reação em cadeia de polimerase. Então a gente poderia obter quantos óvulos de vaca fossem necessários, e a quantidade de DNA de auroque que fosse necessária e, contanto que o citoplasma no óvulo de vaca ativado pudesse transformar esse DNA em um núcleo vivo, mais cedo ou mais tarde existiriam auroques vivos no mundo de novo.
– Caramba!
– É isso aí.
– Escuta, você tem de me prometer uma coisa.
– Manda.
– Quando encontrar o seu milionário e fizer essa experiência, me chame para fazer a morfologia, combinado? Vou parar tudo o que estiver fazendo para me juntar a você. Cara, isso é que é o barato da ciência! Imagina só, dois católicos como a gente finalmente realizando o milagre da ressurreição. Uau!
– Precisam de mais alguma coisa? – pergunta o garçom.
– Ah, eu vou querer outra *piña colada*. Olha, capricha no rum, está bem? E o cavalheiro aqui vai querer outra vodca com tônica – respondo.
– Vou?
– Estou pagando.
– Então vou querer uma dupla.
– Sim, e uma dose de rum à parte para mim.
– Parece que a gente está comemorando.
– Que eu saiba a gente acaba de fazer um acordo.

— Ei, se você estiver querendo voltar para a nossa equipe, a gente ainda tem muitas outras cartas na manga.
— É mesmo?
— Pode escrever, minha senhora: a gente está mudando o futuro.
— E vai estar vivo para ver isso?
— É claro que não. Estou pensando em mudanças que devem acontecer daqui a mil anos. Mas, com o que a gente já está fazendo, a vida humana nunca mais será a mesma.
— Bela frase. Qual é a história?
— A gente deve conseguir desenvolver um protocolo para produzir linhagens celulares 1n de mamíferos.
— Linhagens celulares 1n de mamíferos? De onde viriam esses núcleos?
— Que pergunta idiota é essa? Dos gametas, é claro. A gente poderia usar óvulos ou espermatozóides, dependendo de qual deles reagisse melhor. Depois de conseguir a linhagem celular 1n, a gente pode multiplicar a cromatina em cultura, de modo a poder fazer seleções genéticas, e manipulações, e...
— Preciso ver um esquema. Toma. Usa o guardanapo.
— Muito bem, aqui está o óvulo de vaca. Trinta cromossomos, com duas cromátides cada um, certo? Agora a gente coloca os óvulos em cultura. Analisa as culturas. Faz todas as correções no genótipo que a gente quiser. Depois transfere duas dessas células 1n para um óvulo de vaca enucleado, está vendo?
— Não tão depressa, doutor. Se os seus núcleos 1n são todos masculinos ou femininos, o que acontece com o *imprinting*?
— O que é que tem?
— O *imprinting*, Jim. Por favor. Como a gente foi forçado a admitir depois de tantas experiências falharem, os pronúcleos masculino e feminino nos mamíferos não são funcionalmente equivalentes.
— Ah, mas a gente sabe tão pouco sobre isso...
— Bom, isso não muda o fato de que o fenômeno existe. Pelo menos nos camundongos e nos homens, como nosso grande Steinbeck sabia tão bem, certo?[*] Se a gente tentar fazer um óvulo de

---

[*] Referência ao romance *Ratos e homens*, do americano John Steinbeck. *Mice*, na verdade, traduz-se como camundongos em português, e não ratos, apesar do título da obra na edição brasileira. (N. do T.)

camundongo começar a se desenvolver com dois pronúcleos masculinos em vez de um masculino e um feminino, ele vai formar um embrião sem placenta. Se a gente tentar usar dois pronúcleos femininos, vai ter uma placenta sem o embrião dentro. Você não pode fingir que isso não acontece. Acontece até de forma espontânea em mulheres grávidas.

– Certo. Então, esse problema específico poderia ser um bom tema de doutorado para um dos meus alunos. Quero dizer, vamos supor que o *imprinting* não seja um empecilho. No MIT eles já estão alegando ter conseguido superar a questão em camundongos. Tenho certeza de que, a longo prazo, isso pode ser superado. Agora de volta ao esquema. A gente transfere os dois núcleos 1n, do mesmo jeito que em uma transferência celular normal, mas, ao mesmo tempo, dá um jeito de manipular a cromatina *in vitro* e poder descartar todos aqueles métodos antiquados de que a gente costumava falar, como a geminação na fase de duas células, e assim...

– Peraí, peraí. Você está falando de engenharia genética em vacas... ou em seres humanos?

– Por que não falar em seres humanos? A gente já identificou umas quatro mil doenças genéticas. A estimativa é de que o total fique em torno de cem mil, e devem existir de vinte a cinqüenta genótipos que a gente não gostaria de ver se desenvolver ou que vão causar grande sofrimento para seus portadores. Você não gostaria de evitar que os seus filhos tivessem fibrose cística?

– Você está começando a me dar medo, sabe?

– O que é tão assustador no fato de dar a nossos filhos os melhores genótipos possíveis? Olha os números, para começar. É preciso algo em torno de 100 a 200 mil dólares só para educar nossos filhos até a universidade, e a gente está investindo só no ambiente. E depois eles têm de escolher um companheiro compatível, de preferência alguém que aumente seu status social. Então, por que não gastar cerca de 50 mil dólares para escolher o gameta que vai dar origem a filhos mais capazes? Estou falando de manipulação e seleção estritamente no nível dos gametas, e manipular gametas não é um problema ético.

– Ainda não! Mas se você começar a espalhar suas idéias malucas...

– Olha, é muito mais produtivo fazer isso no nível do gameta do que no nível do embrião. Dentro desses mil anos de que falei, a gente poderia finalmente eliminar o mal e fazer com que só o bem existisse.

— Você tem certeza de que ainda é católico?
— E também ainda sou a favor da vida.
— Tudo bem, contanto que você ainda seja contra a pena de morte.
— Pode apostar que sim.
— Você realmente acreditava no que estava dizendo?
— Não faz diferença se eu acredito ou não. Vai acontecer, não importa o que a gente pense.
— Isso me parece bem assustador.
— A mim parece bem reconfortante. Por que a gente resiste tanto à felicidade? Pense em todas aquelas doenças que podem tornar sua vida realmente infeliz, algo tão comum e tão devastador quanto a depressão. Uma em cada cinco pessoas tem depressão. É genético. E é horrível. Você gostaria de passar por isso? Não seria bom poder apagar isso da nossa vida para sempre? Não sei quanto a você, mas eu gastaria todo o dinheiro que tivesse para garantir que meus filhos fossem felizes.
— Você quer dizer que a gente não pode ser feliz sem lobotomia genética?
— As pessoas poderiam ser inteligentes e felizes, já pensou nisso? É nessa direção que o mundo está indo, em direção ao bem sem mal. Isso é o futuro, e não há como impedir que aconteça. Você pode berrar e gritar, mas o mundo não vai escutar. Todo mundo quer ser feliz, e o mundo vai seguir o único caminho seguro e à toda prova de obter a felicidade: livrar-se desses genes que fazem a gente ser infeliz.
— Ui.
— A vida tende a ir em direção à estabilidade. O nosso caminho natural vai ser sempre para longe de estados de instabilidade. É a disposição natural das coisas.
— É isso que mostram a história da civilização e as leis da termodinâmica?
— A água sempre vai correr para o vale, você não precisa de nenhuma história para saber isso. Não se podem perpetuar estados de instabilidade. As pessoas sempre sonharam com um futuro feliz, só não conseguiam ver como chegar até ele. Então as minhas idéias não são novas. O que é novo é a compreensão de como a tecnologia pode levar a gente até lá. A gente passou a história toda lutando uns com os outros, porque a evolução levou a gente a fazer isso. Mas o homem é diferente dos outros animais. O homem pensa. Essa idéia surgiu há

uns dois mil anos: Jesus, Maomé, Confúcio, todos eles diziam mais ou menos a mesma coisa: ame o seu próximo. Faça alianças em vez de conflitos. O mal é a expressão da individualidade em cada um de nós: a gente rouba, mata, estupra porque quer ser notado ou avançar mais rápido. Mas, se a tecnologia eliminar o mal, então o bem vai poder florescer. A gente vai poder ter uma sociedade realmente coesa, conciliar o intelecto e o instinto e encontrar a felicidade, sentir-se bem por inteiro, e não só individualmente.

— Cara, desta vez você parece mesmo um marxista. Cadê o republicano conservador que eu aprendi a amar e respeitar com tanta dificuldade?

— Você não é a primeira pessoa a me dizer isso. A idéia por trás do marxismo não era errada, sabe?

— E agora você acha que está sendo original?

— Acho, quando digo que o que a gente precisava, quando o marxismo surgiu, era de mil anos a mais para se acostumar com a idéia e fazer com que fosse viável graças à tecnologia.

— Com algum Grande Irmão espionando a gente?

— Não, porque, se todo mundo tiver as mesmas capacidades, a estratificação vai ser coisa do passado.

— Ai, por favor. Isso parece tão chato. Você não percebe que é a ansiedade que faz a gente ir para a frente?

— Ah, a gente só inventou essa bobagem para desculpar a ansiedade.

— Droga!

— O que houve?

— Acabou meu cigarro.

— Mais alguma coisa? — É o garçom novamente.

— A conta, por favor.

CAPÍTULO 11

Dias frios de inverno

O que vocês viram foram apenas dois cientistas envolvidos com clonagem de mamíferos conversando. Mas querem ouvir todos os cientistas envolvidos em clonagem de mamíferos conversando? Tudo o que precisam fazer é voar conosco para o norte. Chegarão aonde o reino encantado do inverno domina a única cidade norte-americana cercada por uma verdadeira muralha, e onde todo o mundo se esquiva dos frios ventos árticos carregando pesadas pastas cobertas com os logotipos de empresas de biotecnologia debaixo de cortinas intermináveis de neve pura e silenciosa. Bem-vindos à cidade de Quebec, sede do XXV Congresso da Sociedade de Transferência Embrionária. Todos estão aqui e, no final das contas, essa área é um mundo pequeno, de modo que dentro do Centro de Convenções reina uma atmosfera inconfundível de reunião de colégio. Apenas um detalhe curioso está fadado a ser um sinal simbólico dos tempos: não devemos contar a nossos amigos e colegas o que nossos laboratórios estão fazendo atualmente. Desde que a clonagem se tornou uma mercadoria comercial de prestígio, há cerca de dois anos, nossas idéias não são mais apenas muito divertidas. São agora a propriedade intelectual das empresas das quais somos sócios ou nas quais trabalhamos.

Na primeira fila da seção de exposições, à esquerda, há uma interessante apresentação japonesa sobre o uso de espermatozóides de camundongo extraídos dos testículos de machos mortos para fertilizar óvulos de fêmeas vivas. A breve introdução explica que, quando um mamífero morre, suas células reprodutivas ainda permanecem vivas durante certo tempo. Se essas células forem coletadas e os zigotos forem produzidos por FIV, é possível gerar crias do animal depois de sua morte. A equipe conseguira manter espermatozóides de camundongo viáveis por sete dias depois da morte mantendo as carcaças refrigeradas, e por dois dias se as carcaças houvessem sido inicialmente deixadas em temperatura ambiente. "Com essa técnica", explica a conclusão ainda mais breve, no típico laconismo japonês, "será possível recuperar variáveis genéticas importantes em animais de laboratório e em gado e, no futuro, em espécies raras que vivem na natureza."

Eu estava pensando em como as possibilidades em matéria de reprodução de repente parecem simplesmente intermináveis. Há exposições sobre manipulações de gametas e embriões com os objetivos mais variados em todos os tipos de animais, das grandes raças geneticamente modificadas de ovelhas domésticas a pequenos grupos de elefantes selvagens em risco de extinção. Parecemos saber fazer tantas coisas.

No entanto, o que o resto do mundo pensa que estamos fazendo? Tornamo-nos inseparáveis do ruído de fundo constante alimentado por uma quantidade cada vez maior de reportagens malfeitas. Nesta manhã mesmo, o jornal *Montreal Gazette* tinha uma matéria sobre como em breve duas mulheres poderiam ter seus próprios filhos sem intervenção masculina, combinando FIV e técnicas de clonagem no que a reportagem chamava de "o alvorecer da Era da Amazona", citando a célebre mãe solteira Jodie Foster como garota-propaganda da causa. Seguiam-se os alertas habituais contra tais técnicas, que como sempre ocupavam muito mais espaço na matéria do que a descrição do procedimento científico em questão.

Inspirada por essas circunstâncias, li a matéria várias vezes, tentando me colocar no lugar do leitor ocasional. Fui forçada a concluir que faltava uma explicação para o procedimento de reprodução com um só sexo. O texto parecia estar dizendo que, se duas mulheres quisessem conceber um filho uma com a outra, então o óvulo de uma delas poderia simplesmente ser ativado para se desenvolver por meio de partenogênese. Várias equipes hoje alegam ter maneiras de superar o *imprinting*, pelo menos no camundongo, portanto não podemos alegar que a concepção partenogenética não seja teoricamente possível em seres humanos em um futuro mais ou menos distante. Mas eu ainda estava confusa porque não conseguia entender como a concepção partenogenética poderia ser transformada em concepção biparental. Uma criança partenogenética só herdaria genes de uma das duas mulheres, e não das duas. É claro que o óvulo de uma mulher poderia ser enucleado, e em seguida fundido com uma célula de cultura de tecidos que tivesse um núcleo da outra mulher. Mas, nesse caso, a criança só herdaria genes da outra mulher. Seria apenas uma reversão monoparental (e que complicação), mas nunca uma concepção biparental. Outra opção seria que o óvulo de uma mulher pudesse conservar seu núcleo e receber o núcleo de uma célula de cultura de tecidos da outra mulher. Isso certamente misturaria os genomas das duas mulheres, mas, nesse caso, o embrião seria triplóide em vez de diplóide. E um embrião triplóide é totalmente inviável.

Qual poderia ser, exatamente, o procedimento científico por trás dessa notícia?

Ironicamente, a única maneira que eu podia imaginar para que a técnica funcionasse seria com dois homens que desejassem ter um filho: bastaria pegar um óvulo de qualquer mulher, enuclear o óvulo, transferir os núcleos de dois espermatozóides, um de cada parceiro, e sim, se não houvesse problemas com o *imprinting*, seria possível ter um embrião viável. Mas os dois caras ainda precisariam de uma mãe adotiva que gestasse seu filho. Assim, no sentido mais amplo da palavra, a criança ainda teria uma mãe, além dos dois pais.

Pensei em todas as pessoas que estavam lendo o *Montreal Gazette* naquele exato momento, mais uma vez imaginando cenários de ficção científica infundados ou esbravejando contra os truques insanos praticados por cientistas loucos fãs de Jodie Foster, e mais uma vez temi que não fôssemos capazes de manter um diálogo produtivo uns com os outros.

Então tornei a olhar para a exposição japonesa, e novamente pensei em todas as coisas que estamos tentando fazer. Essas coisas estão me dizendo que os jornais podem não explicar a ciência com clareza, mas cada um dos meus cenários imaginários de reprodução com um só sexo, fora o do embrião triplóide, não é de modo algum impossível. Ninguém pode dizer que o mundo não está prestes a mudar para sempre, repeti para mim mesma.

Mas então me perguntei: será que realmente tínhamos de mudar em meio àquele caos? Não conhecemos o significado biológico de metade daquilo que estamos fazendo!

Imagino ser possível argumentar que a ciência sempre progrediu de forma completamente caótica, primeiro cuspindo cargas bizarras de informações indecifráveis para só depois ser capaz de processar aquelas informações e fazer com que produzissem conclusões sólidas cerca de cem anos depois. Pensem no alvorecer da microscopia, no século XVII, com todas aquelas observações frenéticas e complexas feitas em todo tipo de célula. Era uma grande diversão completamente anárquica, já que aquelas pessoas eram impedidas de interpretar o que viam por falta de conhecimentos modernos básicos. As células só foram compreendidas como tal no século XIX. Assim, talvez nossa concepção da vida não possa progredir de outro modo a não ser pelo caos, e estejamos apenas sendo duros demais com nós mesmos ao querer manter um controle total da ciência básica subjacente ao que estamos fazendo. Talvez devêssemos apenas aproveitar a grande diversão proporcionada pelas coisas novas que estamos descobrindo, e continuar a relatá-las o mais detalhadamente possível, mesmo não sendo capazes de explicá-las. É possível que tenhamos esbarrado em mais um alfabeto que ainda não conseguimos ler, do mesmo modo que o alfabeto da biologia celular surgiu como um enigma cósmico diante dos olhos estupefatos dos microscopistas do século XVII. Algum dia alguém descobrirá o código, e será possível ler o que agora estamos tateando. E daí se, no século XXII, rirem do que dissemos? Ainda assim, terão sido necessárias nossas observações ingênuas para que eles chegassem aonde estarão quando olharem para o passado e tecerem seus julgamentos.

De qualquer maneira, isso é perturbador. Já estamos clonando vacas transgênicas e produzindo culturas de células-tronco de blastócitos híbridos de seres humanos com vacas. São tantos avanços. Tantas mudanças. Mas ainda não temos uma pista sequer da razão por que as vacas clonadas têm tendência a ser anormalmente grandes e, portanto, inviáveis. Esse problema se tornou tão disseminado que nos referimos a ele informalmente como "síndrome do bezerro grande". Há várias exposições aqui dedicadas a esse assunto. Uma das apresentações desta tarde falará de um estudo, feito na Índia, sobre a mesma síndrome em búfalos. Estamos seguindo em frente como loucos, mas continuamos a arrastar atrás de nós um fardo crescente de mistérios não resolvidos. E esses mistérios podem conter a chave para decifrar nosso novo alfabeto. Por que decidimos nos interessar por detalhes de tentativa e erro, em vez de procurar escrupulosamente pela chave?

Então eu estava fazendo todas essas sábias reflexões. Foi quando vi Phil.

Quando trabalhávamos juntos, eu costumava chamá-lo de "Refugo do Espaço", o que não o incomodava de modo algum, pois ele tem uma personalidade totalmente autodepreciativa. Eu espalhava histórias sobre como tinha medo de ficar sozinha com ele no laboratório à noite, porque nunca sabia quando ele iria revelar o lado sombrio de sua personalidade e começar a me perseguir com um machado. Até hoje não tenho idéia de até que ponto isso era apenas uma brincadeira. Talvez eu realmente tivesse medo do lado sombrio dele. Ou talvez tenha me feito mal o fato de ter assistido demais à televisão americana. Phil é um caso complicado.

Há muito tempo tenho a sensação de que as pessoas se perguntam por que nós acabamos fazendo esse tipo de trabalho. Assim, disse a Phil que estava escrevendo um livro sobre clonagem e pedi-lhe que partilhasse comigo a história de sua vida. Levando em conta sua personalidade, a história dele deveria ser ótima e bem estranha.

– Eu nasci no Brooklyn – ele foi logo começando. – Meu objetivo era ser veterinário. Primeiro eu queria ser fazendeiro, porque era só um garoto da cidade que cantava *Old MacDonald Had a Farm* e acreditava na história do fazendeiro bonzinho cercado por todos os seus animais. Mas então descobri que aquelas pessoas na verdade comiam seus animais! Aquilo não me agradou, então decidi ser veterinário em vez de fazendeiro. Odiava plantas, então estudei zoologia. Pela zoologia, estudei embriologia, e fui fisgado. Eu achava incrível toda aquela história, o espermatozóide e o óvulo que viravam um só organismo, e todas aquelas coisas que podiam dar errado no processo; mas, depois de algum tempo, nasciam bebês. Arrumei um emprego no Museu de História Natural e, logo depois, começou a se falar em usar a transferência embrionária para salvar espécies ameaçadas. Eu soube imediatamente que era isso que queria. Eu queria trabalhar em um zoológico e manter vivos animais ameaçados. Então liguei para o Jim. A gente estava falando de transferência nuclear e tal, e em certo ponto ele me perguntou o que eu queria fazer com aquelas técnicas, e eu respondi que queria trabalhar com espécies ameaçadas. E o telefone ficou mudo. Eu pensei: "O pilantra desligou na minha cara, acha que eu sou maluco... bom, que se dane." Mas três dias depois ele me ligou. A ligação tinha caído, e o Jim tinha ficado sentado na sala dele esperando eu ligar de volta!

Phil foi contratado. Começou seu projeto de doutorado com Bob Duby, tentando fertilizar óvulos de vacas que ainda não haviam atingido a puberdade, com o objetivo de diminuir seus ciclos reprodutivos. Técnicas desse tipo permitem uma reprodução mais veloz e, portanto, são muito importantes para espécies ameaçadas. Mas os problemas se acumulavam à medida que esses óvulos começavam a se desenvolver, exigindo estudos mais profundos sobre a biologia básica da maturação celular. A solução desses problemas acabou levando Phil até Iowa.

– E foi um inferno!
– Como assim um inferno?
– Escreve isso! Foi um inferno! Uma arapuca. Eu detestei aqueles doidos. São todos um bando de fanáticos religiosos.
– Você quer dizer que os cientistas de lá eram fanáticos religiosos?
– Está bom, não, eles eram decentes, mas aquilo era uma empresa, eles não estavam nem um pouco interessados em pesquisa básica, ou pelo menos não pareciam estar. Consegui trabalhar muito, mas foi difícil. Pago milhões de dólares de análise por causa daqueles dias. Nunca mais quero voltar lá. Ainda tenho pesadelos.

De volta à Universidade de Massachusetts, enquanto finalizava seu doutorado, Phil obteve como recompensa por seus piores pesadelos uma oportunidade de realizar seu maior sonho. Foi três vezes a um zoológico da África do Sul congelar esperma de antílopes e estudar a maturação dos óvulos de antílope. Ensinou técnicas de FIV para estudantes sul-africanos e percebeu a expressão fascinada em seus rostos. Deu-se conta de que o ensino tinha suas recompensas, algo em que nunca pensara antes. Então obteve seu doutorado e mudou-se para Madison, no Wisconsin, onde havia um emprego à sua espera em uma empresa de transferência embrionária chamada Infigen.

– Eles estão interessados em transgênicos, e eu estou dirigindo um projeto de clonagem em porcos. Estou tentando criar linhagens celulares híbridas de porcos e seres humanos para transplantes cardíacos, mas não posso falar sobre isso com você.

É melhor eu me acostumar com isso, já que todo mundo por aqui fica se interrompendo para dizer que não pode falar mais nada assim que a conversa chega aos detalhes de suas pesquisas atuais. O silêncio é essencial quando seu financiamento vem do dinheiro de empresas. Todo o mundo diz que nem sempre foi assim. No entanto, quando Dolly nasceu, a clonagem de repente se revelou um empreendimento lucrativo, e essas são as grandes oportunidades. A primeira sessão do congresso foi inteiramente dedicada a como registrar patentes, como licenciá-las, como se livrar de acusações de assassinato com métodos patenteados e como fazer com que gerem lucros tangíveis. Havia muitas discussões sobre o fortalecimento dos laços entre as universidades e as empresas, com uma forte ênfase em como "os pesquisadores precisam de educação corporativa", porque, na verdade, hoje em dia existe um número exagerado de "filosofias conflitantes sobre propriedade intelectual". A sala estava lotada. Aquilo era um grande aviso simbólico de que este não é mais nosso congresso científico habitual. Isso é biotecnologia. É diferente. Estudantes talentosos como Phil arrumam bons empregos assim que se formam. O único porém é que não podem falar muito do que estão fazendo.

Felizmente, há coisas sobre as quais Phil pode comentar livremente. Sempre gostei de seus comentários.

– Então, eu chefio um laboratório de FIV, certo? Bom, você não faz idéia. Os telefonemas que eu recebo, e não tenho sequer permissão para ser desagradável com as pessoas ao telefone. Elas me ligam todos os dias. Todas aquelas velhotas querendo clonar seus poodles moribundos.

– Elas não podem simplesmente comprar outro poodle?

– Outro poodle não seria a Fifi. Elas querem a Fifi. Está bem, estou brincando, mas é triste. Você acaba se dando conta de que existem muitas pessoas que não têm nada a não ser a sua Fifi.

– Você não pode aproveitar a oportunidade e conseguir cinco milhões do milionário do cachorro?

– Ele deu o dinheiro para o Texas Agriculture and Medical College, você não lê mais o que se publica? Pelo amor de Deus, tem um imenso site na Internet sobre o cachorro do milionário. Mas as pessoas continuam me telefonando. Imagino que elas também telefonem para todo o mundo. Eu tento explicar a elas que não se podem clonar animais de estimação, da mesma maneira que não se podem clonar pessoas: eles serão educados quando seus donos tiverem uma idade diferente, a família mudou, muitas vezes o ambiente em volta mudou, o cachorro não vai agir da mesma maneira. Mas outro dia recebi um telefonema de uma mulher do Vale do Silício que tinha resolvido tudo isso. Ela tinha escrito um diário anotando os lugares aos quais tinha levado o cachorro, e levaria o clone aos mesmos lugares, exatamente na mesma ordem e com a mesma duração. Você consegue imaginar a loucura? Eles ligam e dizem: "O Fido morreu há três dias, a gente congelou, você pode vir buscar algumas células para a clonagem quando for possível?" E eu tenho de ser simpático. Quero dizer, o futuro próximo nessa área vai ser de fato fantástico, mas algumas de suas manifestações são totalmente absurdas.

– Então existem mais pessoas interessadas em clonar seus cachorros do que em clonar a si mesmas?

– Vi um site da Internet sobre uma empresa de clonagem humana no Caribe outro dia, mas não naveguei muito. Tem tanta enganação por aí. Acho que no caso dos seres humanos as pessoas têm mais noção do potencial de enganação. E eles nunca conseguiriam ver seus clones iguaizinhos a eles: estariam mortos. Mas esperam ver isso nos cachorros. Acho que é aquele fascínio pela imortalidade. Isso realmente arrebata as pessoas.

Quanto àquilo que o arrebata, Phil não mudou nem um pouco de idéia.

– Quero ir para um zoológico e trabalhar com espécies ameaçadas. Mesmo que a gente não possa salvar mais a espécie, pode pelo menos salvar a diversidade genética. Enquanto existirem espécimes suficientes, a gente pode clonar os que morrerem e transferir para os que ainda estão vivos. O problema, se eles continuarem morrendo, é que a gente sempre vai precisar de hospedeiros para conduzir as gestações. E a gente sabe muito pouco sobre isso. Sabe menos ainda sobre a xenoplastia. Acho que seria possível usar óvulos de gato para clonar guepardos, mas a gente ainda não chegou a esse ponto. Foram feitas transferências de zebras para cavalos e de grandes felinos para gatos, e as taxas de sucesso podem com certeza ser melhoradas usando-se imunossupressores para permitir a implantação, mas ainda não existe pesquisa básica suficiente. A pesquisa básica vai ser a chave. Não quero ganhar dinheiro. Quero gostar do que faço. E sabe o que mais eu quero? Está bom, isso vai soar piegas, mas se um dia, Deus me livre, eu tiver filhos, quero que eles vejam um rinoceronte em um zoológico, e não um espécime empalhado em um museu.

Rafael parou para conversar enquanto almoçávamos depois de ter feito o pedido em francês, e estava completamente farto do congresso porque ninguém parecia se importar mais com a pesquisa básica. Enquanto ouvia suas sinceras reclamações sobre como a biotecnologia havia matado a biologia, o que eu estava realmente pensando era que aquele homem era argentino, e que o pólo é um esporte muito popular no seu país.

Eu ficara abismada com as exposições sobre transferência embrionária em éguas de pólo, e me perguntava se toda aquela história sobre possibilidades infinitas da transferência embrionária não iria se tornar infinita demais. Éguas de pólo? Não são iguais a todas as outras éguas? Será que precisamos de fato de apresentações específicas sobre elas? Achei que Rafael devia saber.

Ele sabia.

O fato é que as éguas de pólo são pesadelos reprodutivos.

Os cavalos em geral são muito inférteis. Têm uma gestação longa, só geram um potro por vez, e só ovulam seis meses por ano. As técnicas de transferência embrionária em eqüinos têm sido usadas desde o final da década de 1970, principalmente nos Estados Unidos, no Canadá, no Brasil, na Austrália, no Reino Unido, na Alemanha e, é claro, na Argentina. O que está disponível hoje é relevante para a reprodução de éguas mais velhas, éguas de saúde delicada, éguas de dois anos de idade, espécies ameaçadas e, como já devem ter adivinhado, éguas de competição. Mas os limites do que a tecnologia pode fazer em cavalos são enormes. Eles não respondem à superovulação, então não há como aumentar suas ninhadas. Seus embriões não gostam de ser congelados. Seus espermatozóides perdem grande parte da capacidade de fertilização ao serem congelados, e mesmo nas amostras frescas usadas para fertilizar óvulos *in vitro*. No final das contas, fica-se de modo geral limitado ao que a natureza tem a oferecer. Pode-se recorrer à inseminação artificial e, assim, evitar a manutenção de garanhões caros e temperamentais; e podem-se otimizar os ciclos das fêmeas com hormônios para se ter certeza de inseminá-las com o melhor esperma disponível no momento exato da ovulação. Mas é mais ou menos só isso.

Agora, imaginem um esporte extremamente competitivo que de fato exige o máximo da capacidade dos cavalos, e que requer um desempenho tão preciso que o uso de machos maiores e mais pesados é inconcebível. Restam as fêmeas para fazer o trabalho, e é preciso sair em expedições de busca para encontrá-las, e depois treiná-las durante pelo menos dois anos antes de estarem prontas para competir. Se forem boas atletas, é óbvio que você gostaria de ter seus filhotes para futuros jogos, mas, ao mesmo tempo, não quer ser forçado a manter suas éguas premiadas no banco de reserva enquanto estiverem grávidas. E certamente não quer danificar seu potencial expondo-as a todos os possíveis perigos da gravidez e do parto. Para piorar as coisas, se você estiver na Argentina, a temporada de pólo coincide com o período fértil da égua. O que você vai fazer?

Rafael me lembra um amigo ao qual ele me apresentou na noite passada, perto das esculturas de gelo da recepção de abertura, um pesquisador australiano que ele conheceu na Universidade da Califórnia em Davis. Uma viagem de avião mudara a vida daquele homem e, aparentemente, também mudara a reprodução no mundo do pólo. O australiano estava a caminho de um congresso na Inglaterra e, por coincidência, sentou-se ao lado de um milionário argentino. Eles começaram uma daquelas conversas casuais e acidentais que se tem em aviões, e acabaram descobrindo ter muitos interesses em comum. O australiano tinha longa experiência com transferência embrionária animal e um enorme apetite por viagens e aventuras. O argentino tinha muito dinheiro e cerca de quarenta éguas de pólo. Uma coisa levou à outra, e logo o australiano estava na Argentina, criando um espantoso laboratório no meio do nada. Rafael visitara o lugar. Segundo ele, é mais bem-equipado do que a maioria dos laboratórios de ponta de Buenos Aires.

– Então – explica ele – é bem simples, na verdade. As melhores éguas de pólo são sincronizadas, observadas, inseminadas quando ovulam, e depois o embrião é transferido para o útero de outra égua pseudográvida que não esteja envolvida em competições. Qualquer égua pode portar o embrião. Mas muito poucas éguas são boas o bastante para competir. As que são precisam ser tratadas com todo tipo de precaução especial, como qualquer bom atleta. Mesmo as melhores só competem duas vezes por ano, e bem no final dos torneios. Os proprietários querem seus filhotes, mas certamente não querem que elas emprenhem, muito menos durante a temporada de pólo. Então esse cara vai lá e fica só fazendo uma transferência embrionária atrás da outra, e as éguas premiadas conseguem se reproduzir e competir ao mesmo tempo. No começo, o milionário estava pensando só nas suas próprias éguas, mas depois começou também a oferecer o procedimento para as éguas dos amigos, e é claro que agora todo mundo está levando suas éguas para a clínica dele para fazer transferência embrionária, então isso virou um grande negócio. E aí eu acho que os emirados ouviram falar na história e...

– Quem?

– Ah, é um desenvolvimento posterior de um problema similar. A corrida de camelos é um esporte muito popular em vários países árabes, sabe? E, mais uma vez, só as fêmeas competem, porque são menores e mais velozes. Mas os camelos são ainda piores do que os cavalos para a reprodução assistida. Têm apenas um filhote por vez, não superovulam, não se desenvolvem por meio da fertilização *in vitro*, só ovulam durante metade do ano e, ouça só isso, apenas um de seus ovários é funcional. E eles se acasalam de joelhos! É por isso que os camelos foram os primeiros animais a serem castrados, porque iam para a guerra e, enquanto corriam pelo campo de batalha, de repente sentiam o cheiro de um parceiro e se ajoelhavam! Você pode imaginar o pobre sujeito que estivesse montado no camelo nesse exato momento?

– Espere um instante, Raf. Você está me dizendo que seu amigo também faz transferência embrionária em camelos de corrida?

– Faz sim. Aparentemente é muito divertido, ele vai para Dubai e é apanhado no aeroporto de Rolls Royce. Essa gente tem muito dinheiro, e é claro que quer que seus camelos sejam os melhores. Então ouviram falar nas éguas de pólo e ligaram para o meu amigo, e ele está se divertindo muito.

Jack não parece estar se divertindo muito. Ele saiu do *workshop* da noite passada esbravejando contra a aparente incapacidade de todo o mundo raciocinar sobre suas próprias informações. Ficou frustrado com tantos slides, tantos gráficos, tantos diagramas, e nenhuma idéia sequer do que eles significavam. Agora está explorando o problema mais a fundo, reclamando que seus alunos agem como se não fossem capazes de ver além dos pequenos detalhes minuciosos de seus resultados. Ele gostaria de ouvir pelo menos um comentário sobre o panorama geral.

Digo-lhe que a maioria dos estudantes está com pressa de se formar e não é tradicionalmente estimulada a se afastar de suas experiências para poder pensar. Se não estamos lhes dando a educação adequada, então não temos o direito de reclamar.

Jack diz que pode ter sido assim durante muito tempo, mas que hoje está pior. Toda essa baboseira sobre não partilhar informações com os colegas. Estamos treinando nossos alunos para espionar os outros e nunca sequer falar. Os alunos sempre sonham em ser os primeiros a descobrir alguma coisa, mas agora os estamos encorajando a nutrir esses sonhos só porque tais descobertas são a maneira mais segura de arrumar um bom emprego em alguma empresa. Será que podemos ficar mais míopes? Se isso continuar, vamos sufocar a ciência debaixo de imensas pilhas de números sem significado, destinados a ter cada vez menos significado com o passar do tempo. Já não estamos estabelecendo controles suficientes para as variações que observamos em nossas experiências. E não nos sentimos à vontade para discutir nossos experimentos, porque fazê-lo poderia afetar os interesses comerciais acima de nós, então estamos sendo muito menos estimulados pelas críticas de nossos colegas, quebrando regras preciosas em uma área que desde o início sofria de carência de regras.

Alguém lembra uma citação do século XIX, quando um cientista americano já reclamava que "a ciência moderna está quase soterrada sob os restos de observação". Então talvez estejamos apenas herdando uma venerável tendência. Mas podemos estar transformando essa tendência em catástrofe. O que os cientistas dirão sobre nós daqui a cem anos? O mais provável é que sorriam educadamente diante de nossas conclusões ingênuas e de pouca visão, extrapoladas de informações para a análise das quais não tínhamos as ferramentas intelectuais básicas. E talvez nos culpem por termos sido indisciplinados e descuidados, e por quase termos provocado o fim da ciência.

Dias frios de inverno

Naquela noite, Jim não estava pensando no fim da ciência, mas com certeza dedicara muitas horas de reflexão a essa versão do fim do mundo tal como o conhecemos. Ele tem testado por aí sua idéia de que todos nós só devemos nos reproduzir por FIV para eliminar doenças em nossos filhos, e desistir do sexo completamente, com o objetivo de eliminar a competição de nosso tecido social. Vezes sem conta ouviu a resposta: "Abrir mão do sexo? Ha!", mas o fato de ninguém parecer disposto a aceitar esse cenário não parece incomodá-lo. Ele continua dizendo que vai acontecer o que quer que pensemos. E que pode começar a acontecer por causa de nossas queridas linhagens de células 1n.

Nesse ponto, ele abaixou instintivamente a voz e eu não pude conter uma gargalhada. Estávamos sentados no restaurante do Hotel Marriot, e o lugar estava tão repleto de grupos de biólogos da reprodução que não tivemos escolha a não ser esperar uma eternidade por nosso pedido; a atmosfera geral de segredo era quase cômica. Em geral, essas sessões de comes e bebes são momentos agradáveis de congressos científicos, os momentos abençoados em que todos relaxam e conversam alegremente sobre suas idéias. Agora todo o mundo estava observando com atenção as outras mesas, para ver se não havia algum espião por perto. Ou um microfone na travessa, quem sabe.

Felizmente, Jim ama demais seu projeto para ficar calado por muito tempo. À medida que ele começa a revelá-lo, fica óbvio que passou por um grande amadurecimento desde o verão passado. Ele nem sequer falou em vacas. A conversa foi direto para seres humanos.

– Então digamos que a gente queira pôr espermatozóides em cultura, de modo a ter um suprimento de núcleos haplóides idênticos. A gente não pode fazer isso, porque núcleos haplóides são incapazes de efetuar a divisão celular. Falta informação demais. Mas grande parte dessa informação deveria estar vindo do citoplasma, e não do núcleo. Então o que a gente realmente precisa fazer é prover o núcleo com um citoplasma, com muito citoplasma, suficiente para fazer com que o núcleo passe por várias divisões. A gente precisa de um transportador, só isso. Estou pensando em usar fibroblastos humanos. É possível fundir até mil fibroblastos. É só fundir uns com os outros em um imenso agregado, e depois deixar que efetuem uma rodada de divisão. Nesse ponto, todos os seus cromossomos vão se juntar, de modo que podem ser removidos com facilidade. Em seguida, a gente substitui esse meganúcleo por um núcleo de espermatozóide. Ele é haplóide, mas agora tem bastante citoplasma para efetuar várias divisões. Entendeu? No final, a gente vai ter uma bela cultura de núcleos de espermatozóides, todos com a mesma informação. Essa é a informação genética do pai. A gente faz isso com vários espermatozóides diferentes, de modo a obter vários conjuntos de genomas haplóides alternativos do mesmo pai. Então, em cada cultura de espermatozóides, a gente examina alguns dos núcleos e procura os genes que possam causar doenças. Esses genes em geral são recessivos, o que significa que só vão conseguir se expressar se o gene equivalente herdado da mãe tiver o mesmo defeito.

— A gente tem certeza disso?

— Ah, por favor, use a cabeça, sim? Se um gene for defeituoso e não for recessivo, vai matar ou danificar o animal que o porta, o que significa que, mais cedo ou mais tarde, vai desaparecer da população. Genes ruins não podem fazer as duas coisas. Ou são dominantes e desaparecem porque ferem seus portadores, ou são recessivos e, assim, não se expressam com tanta freqüência, de modo que conseguem ser transmitidos de uma geração a outra. Como eu disse antes, a gente já conhece cerca de quatro mil genes que podem causar doenças em seres humanos, e a maioria desses genes é de fato recessiva. Eles só causam a doença quando a criança herda um do pai e outro da mãe.

— Está bem, então como você pode impedir essas doenças com suas culturas haplóides?

— A gente verifica o histórico genético da mãe, para ter uma idéia de onde os problemas poderiam estar. Seleciona a informação do espermatozóide que tenha menos probabilidade de complementar um problema herdado da mãe. E em seguida injeta esse núcleo de espermatozóide específico dentro do óvulo da mãe. Entendeu?

— Acho que preciso de um exemplo convincente.

— Tudo bem. A fibrose cística, por exemplo. Digamos que ela tenha ocorrido no passado na família da mãe. A gente examina a mãe à procura desse gene específico. Qualquer célula do seu corpo serve, então essa é uma etapa fácil. E já existem protocolos para ela. Imagine que a gente descubra que a mãe de fato carrega o gene da fibrose cística. O gene é recessivo, o que significa que a mãe possui uma cópia ruim e uma cópia boa, e a cópia boa está impedindo a cópia ruim de agir, por isso a mãe não é afetada. Mas existe uma chance de 50% de o óvulo carregar a cópia ruim. Se for esse o caso, e se esse óvulo for fertilizado por um espermatozóide que também carrega uma cópia ruim, a criança está condenada. Ela terá duas cópias ruins, sem nenhuma cópia boa para impedir que ajam. Então pode ter certeza de que essa criança vai acabar desenvolvendo fibrose cística, e se for seu filho você não vai querer que isso aconteça, não é?

— Então você coloca os espermatozóides do meu marido na sua cultura de fibroblastos, e examina todas as culturas até encontrar um que não porte o gene ruim, e transfere esse espermatozóide para o meu óvulo, e nosso filho será poupado, e a taxa de genes ruins de fibrose cística em circulação vai acabar diminuindo a tal ponto que a doença vai desaparecer, é isso?

— A segunda parte é só uma suposição otimista, e a gente não vai estar aqui para testar, mas a primeira parte está correta. Admita que é uma boa idéia.

— Ela nos força a ter filhos por FIV. Isso é uma boa idéia?

— Ela nos permite só transmitir o melhor de nós a nossos filhos, e nunca o pior de nós. Não é uma boa idéia?

— Se esse procedimento se tornar comum, posso imaginar um futuro no qual cada um de nós vai ter seu genótipo rastreado desde o nascimento. Talvez isso se torne um comprovante de identidade tão indispensável quanto a carteira de motorista. Tem certeza de que é uma boa idéia?

— Ele diria a cada um de nós o que fazer e o que evitar em cada idade, dependendo de nossos genes. Não é uma boa idéia?

— Ele me diria qual a probabilidade de eu morrer de câncer e com que idade. Não acho que seja uma boa idéia.

— Olha, estamos nos perdendo em futurologia de novo. Vamos voltar ao exame das linhagens de espermatozóides para evitar combinações entre óvulos e espermatozóides suscetíveis de causarem doenças. Isso, eu insisto, é bom. Não poderia ser mais simples, e também não é caro. Melhor ainda, não é controverso. Não envolve nenhuma manipulação, cirurgia, engenharia, nada. Não tocamos nesses genomas. Apenas os selecionamos, e depois os unimos da melhor maneira possível. O que acha?

CLONES HUMANOS

– Acho que não estou sentada no Congresso aprovando leis que proíbem pesquisas com embriões humanos, então não precisa jurar que a introdução dessa técnica nunca vai acabar nos fazendo manipular genomas. É claro que vai. Enquanto você está selecionando os espermatozóides do meu marido, poderia verificar para a gente se os espermatozóides em questão carregam cromossomos X ou Y, e isso permitiria escolher o sexo do nosso bebê, por exemplo. A gente tem certeza de que qualquer óvulo meu carrega um cromossomo X, então basta fazer a combinação que a gente quiser.

– Ainda seria possível limitar a seleção sexual apenas à erradicação de doenças derivadas dos cromossomos sexuais.

– Mas por que a gente faria isso? A gente poderia começar a abordar problemas que não são exatamente doenças, mas que ainda assim tornam nossas vidas infelizes. Digamos que eu tivesse sido gorda a vida toda. Eu teria ouvido todas aquelas pessoas bondosas dizendo que não precisamos nos parecer com supermodelos, mas ao mesmo tempo essa mesma sociedade teria me tratado mal por causa do meu suposto defeito. Leva muito mais tempo para mudar a sociedade do que para mudar uma combinação de genes, então, e se houvesse um gene bem identificado responsável por metabolizar nutrientes de modo que seu portador nunca acumulasse nenhuma gordura? Por que eu não pediria para você para ter certeza de que o núcleo do espermatozóide que fosse injetado no meu óvulo carregasse esse gene, para que o meu filho nunca passasse pelo que eu passei? Que mal você veria nisso?

Nesse ponto, Dick não consegue mais ficar calado. Ele é um dos que nunca abriram mão da pesquisa básica, nunca foi patrocinado por uma empresa, e está tendo dificuldade para acreditar que os dois adultos responsáveis sentados ao seu lado estejam falando de genes com toda essa desenvoltura, como se os genes agissem por sua simples presença. Bancando como sempre o professor sério e o melhor dos advogados do diabo de suas próprias experiências, ele nos lembra que a expressão genética é regulada por promotores ou acentuadores: outros fragmentos de DNA responsáveis pelo controle da atividade de determinado gene ou conjunto de genes. Ou será que estávamos pensando que todas as centenas de milhares de genes de nosso corpo funcionassem a todo vapor o tempo todo? Não sabemos que os genes estão sempre sendo ligados e desligados para que os organismos possam funcionar?

Dias frios de inverno

Mas as alegrias da ciência ainda são em grande parte baseadas em nossa capacidade de sonhar. Nenhum de nós pode evitar isso. No instante em que Dick pronuncia esse lembrete realista, descobrimos que ele dá lugar a outra possibilidade entusiasmante. Os promotores e acentuadores cumprem sua missão reguladora respondendo a diferentes sinais, como hormônios ou concentrações de metais. Então, digamos...

Dick acabou de nos passar o sermão. Agora está só fantasiando.

– Você quer que seu filho seja alto? Todo o mundo parece querer isso hoje em dia. O que você quer, então, é aquele produto genético bem conhecido chamado hormônio de crescimento. Mas você não quer que seu filho se torne um gigante aos dois anos de idade. Quer manter esse gene quieto até que o menino chegue à adolescência. Então tudo o que precisa fazer é fabricar um promotor para o gene do hormônio do crescimento que responda a... sei lá, algo que não prejudique o seu corpo, um certo nível de zinco, por exemplo. Você enxerta esse promotor no genoma do núcleo do espermatozóide escolhido, transfere o espermatozóide para o óvulo, depois a criança nasce e, quando completa treze anos, você a faz tomar comprimidos de zinco. E ela cresce! E cresce! E você pode modular o crescimento aumentando ou diminuindo as doses de zinco. Que tal?

Há muito potencial nisso, então cenários imaginativos começam a pipocar na mesa. Começo a gostar particularmente do cenário em que esse promotor fabricado com dependência de zinco acaba sendo transmitido por descuido a uma mulher nascida três gerações mais tarde. Essa mulher não tem idéia de que carrega esse promotor, e certo dia ela faz cinqüenta anos e precisa tomar zinco por um motivo inteiramente diferente. Ou apenas decide fazê-lo porque leu uma matéria no jornal de manhã dizendo que um novo estudo mostra que zinco faz bem. A pobre mulher só queria prevenir ataques cardíacos. Mas de repente começa a crescer! E não tem idéia da razão por que isso está acontecendo!

Não consigo rir muito, no entanto, porque logo alguém se transforma no obrigatório estraga-prazeres e me diz que não é engraçado. Além disso, todos acabamos concordando que nada disso é possível. Ao contrário do culpado pela fibrose cística, a maioria dos genes não age sozinha: eles agem segundo cadeias de interação complexas, geralmente em grupos de mais de cinqüenta, de modo que nunca será tão fácil assim manipulá-los à vontade com um resultado específico em mente. Além disso, o mesmo zinco que desencadearia acentuadores ou promotores que estimulassem um gene a sintetizar hormônio do crescimento poderia ao mesmo tempo dizer a outros acentuadores e promotores que fizessem cessar a atividade de outro gene de cujos produtos precisamos. É bem provável que isso acontecesse, porque vários promotores e acentuadores diferentes, cada qual modulando seu gene específico, respondem aos mesmos sinais. A coisa toda seria uma bagunça. Nesse ponto, a garçonete chega perto da mesa para anunciar que o vinho que pedimos terminou, e o entusiasmo sobre a modulação de genes arrefece.

Vários comensais já estão de saída agora, porque começaram os *workshops* da noite. Os que ficaram estão relaxando e levantando a voz. Com mais mesas vazias à nossa volta, e um sentimento generalizado de busca intelectual tomando conta do recinto, Jim começa a tentar convencer Dick de sua visão de um mundo redimido pelo abandono do sexo.

— Espere cinco mil anos. São duzentas gerações, e a essa altura isso terá acontecido. Começa-se usando a FIV para reprodução, para eliminar doenças. E então a gente percebe que é melhor eliminar o sexo também. A reprodução sexual foi inventada para assegurar a variação, porque a variação garante maiores possibilidades de adaptação às mudanças do meio ambiente. Mas a gente agora controla o ambiente, então não precisa mais da variação. O sexo força os homens a viver em competição, ele foi inventado para isso, mas a gente não precisa mais da competição.

— Então qual foi o objetivo da evolução?

— Mudar as freqüências de genes nas populações, para que a gente pudesse chegar até aqui.

— Por favor. Você quer dizer que a democracia foi criada por mudanças nas freqüências genéticas das nossas populações?

— Você está me dando razão. A democracia é racional. Não é o que a evolução nos leva a fazer. A gente foi capaz de criar a democracia porque foi capaz de superar a evolução. E agora a gente pode dar mais um passo em direção à estabilidade total.

— Você está se contradizendo.

— Por quê?

Dias frios de inverno

— Porque o caos total é o estado mais estável de todos! A entropia é o estado que requer menos energia e, portanto, a anarquia seria a melhor forma de estabilidade.

— A anarquia não é um estado estável! A gente precisa de um nível mais elevado de organização.

— Mas lembre-se de que os cristais são organizados demais para durar para sempre.

A essa altura, já estamos realmente atrasados para o *workshop*. Enquanto começo a recolher minhas coisas para me levantar e ir embora, ainda ouço Jim dizendo a Dick:

— Não basta apenas eu dizer isso, preciso realmente pensar assim.

Bela tirada final, qualquer que tenha sido a discussão.

Na manhã seguinte a esses grandes discursos, depois de sobreviver a diferentes vinhos e ao turbilhão emocional, eu estava tentando fazer com que Paul me falasse mais sobre o dilema dos porcos.

Paul teve uma formação muito sólida em biologia molecular, examinou segredos minuciosos da fertilização em camundongos, acabou fazendo pequenos trabalhos com FIV, e hoje é um grande mandachuva corporativo com uma patente requerida. Ou, como ele prefere dizer: "Eu agora sou um capitalista."

Como muitos outros hoje em dia, esse capitalista específico de fato adoraria clonar porcos. Até agora, a tecnologia disponível parece promissora para a criação de fazendas limpas com higiene perfeita e sem doenças, mas ainda estamos muito longe da clonagem. Quinze anos de pesquisa e só um filhote nascido, em uma espécie com um espectro de interesses para os seres humanos que vai dos produtos derivados da carne ao transplante de células cerebrais para o tratamento do mal de Parkinson: se você trabalha com clonagem, um porco é uma avalanche de dinheiro e uma fonte potencial de prestígio.

— É sensacional – diz Paul. – Aquele porco, o porco do Randy Prater, foi clonado a partir de um embrião de quatro células, em um estágio em que ainda não deveria existir nenhuma ativação genômica. É tudo o que se sabe. Outros clones se desenvolviam até o estágio do blastócito, mas só esse chegou a se implantar no útero e a nascer. Isso fez a gente perceber que realmente não sabe nada sobre porcos. Olhe as espécies cuja clonagem foi bem-sucedida, e são todas espécies estudadas há muito tempo: vacas, ovelhas, cabras, todas bem conhecidas.

A gente precisava conhecê-las muito bem, porque, quando deixadas à própria sorte, elas se reproduziam lentamente, com um filhote por vez, e com várias complicações na gravidez. Mas a reprodução de porcos nunca foi uma grande questão na agricultura. Os porcos são fáceis. Basta colocá-los juntos e eles farão o trabalho rápido, e cada porca terá vários filhotes de uma vez. Então nunca foram muito estudados. Se você verificar o que foi publicado, verá que já nos anos 50 havia artigos sobre reprodução em vacas e ovelhas. Ora, a primeira transferência embrionária em ovelhas e cabras foi feita em 1954, e todos os desenvolvimentos posteriores estão muito bem documentados. Há 15 anos foi introduzida a laparoscopia, a cirurgia em grande escala se tornou desnecessária, o potencial de aumentar a população de animais com interesse econômico era grande, e o número de publicações cresceu ainda mais desde então. Mas publicações sobre porcos só começaram a aparecer nos anos 70, e desde então evoluíram em ritmo lento. Agora a gente está começando a se dar conta de que não pode simplesmente pegar uma técnica desenvolvida em ovelhas e aplicar em porcos. Precisa estudar os porcos de maneira sistemática. Precisa saber como otimizar a ativação ovular, a superovulação, a cultura embrionária *in vitro*, a manutenção da gestação, tudo. A gente já descobriu que os porcos são mais complicados do que as ovelhas em mais de um aspecto. Precisam de pelo menos quatro embriões no útero para que a gravidez se sustente, e esses embriões precisam estar exatamente no mesmo estágio de desenvolvimento. Ora, vocês sabem o que acontece quando se criam embriões por transferência embrionária. O desenvolvimento sempre atrasa um pouco, então fica difícil determinar exatamente em que estágio estão. A gente fica sentado no micromanipulador transferindo um núcleo depois do outro para um óvulo depois do outro mas, com sorte, no final do dia não terá mais de meia dúzia de embriões vivos, nem todos exatamente no mesmo estágio de desenvolvimento e nem todos exatamente iguais. É realmente um desafio. Agora, sem dúvida, se alguém merece descobrir uma grande novidade sobre clonagem de suínos é o Randy, e a gente está... bom. Não posso contar mais.

Assinalo, mais uma vez, que nunca tinha ido a um congresso científico com tantas pessoas dizendo "Não posso contar mais" logo depois de começarem. Por sua vez, Paul observa que os pesquisadores de biologia da reprodução não haviam escolhido depender de dinheiro corporativo por acaso. Há uma longa história de escassez de fundos públicos nessa área. O tópico parece lançar feromônios nas fileiras de exposições ali perto. As pessoas começam a trazer copos de café e a se sentar em volta de nossa mesa, e logo há um pequeno grupo reunido discutindo as fronteiras tênues e traiçoeiras que temos de percorrer entre a ciência e o dinheiro. A questão de por que, como e quando a biologia se torna biotecnologia, e do que se faz quando isso acontece, parece interessar a todos. Alguém propõe um resumo que obviamente é fruto de longa reflexão e que é citado com freqüência. Diz mais ou menos o seguinte:

– Você diria que há financiamento público suficiente para estudos sobre fertilidade humana? Quando um casal não pode ter filhos, ninguém, fora o casal em questão, parece pensar que se trata de uma grave questão de saúde. As empresas privadas enxergaram nessa lacuna uma grande oportunidade, e será que a gente pode recriminar isso? A lacuna existia, e não havia sido originalmente criada pelos presidentes de empresa. O mesmo acontece com a agricultura. Qual foi a última vez que vocês ouviram um órgão público alegar que investimentos sérios em pesquisa básica são essenciais para a criação de animais em fazendas? Por que as empresas privadas não aceitariam esse desafio, especialmente quando ninguém mais parecia interessado?

O outro lado dessa mesma moeda é citado no que mais parece um coro.

Sem as empresas de biotecnologia, será que poderíamos estar fazendo pesquisa hoje em dia? E o que o futuro nos reserva se escolhermos viver como acadêmicos puros? Ofertas de emprego raras, anos de suor para conseguir um cargo, muitas horas de ensino, mendigar centavos para fazer o laboratório funcionar, e um salário que sempre nos fará passar vergonha diante do garoto que acabou de se formar e foi trabalhar para a BullSperm Inc.? Eu me casei e tive filhos, e isso me fez pensar duas vezes sobre minhas opções de carreira, é o que muitas dessas pessoas vão lhe dizer no final.

Não podemos mais ser românticos porque estamos nos anos 90, alguém pode acrescentar.

Outro colega, sumido há muito tempo, sai da seção de exposições nesse momento. Acho que nunca vi Chuck sem suas botas de caubói. É claro que ele está com elas hoje. Nós dois saímos para respirar um pouco do ar fresco e gélido, e aproveito a oportunidade para acender um cigarro assim que vejo um cinzeiro. Em sua nova encarnação como o mais orgulhoso pai de primeira viagem do Centro de Convenções, Chuck mal pode esperar para me mostrar as fotos de sua filhinha. Em troca, peço que me conte a história de sua vida.

Para Chuck, a clonagem começou com uma graduação em genética das populações e com seu espanto diante do pouco que sabemos sobre esses pequenos fragmentos de DNA que regem a vida. Havia uma vaga em seu departamento para trabalhar com fisiologia reprodutiva de porcos, vacas e ovelhas, e acontece que Chuck é um caubói robusto e alto de ombros largos: pelo que ele diz, conseguiu o emprego porque era o maior estudante a se candidatar. Forte o bastante para manejar os porcos. Lidar com porcos exige muita força física. Então ele já era fascinado por genética, e agora estava tendo sua primeira visão global do estranho mundo da reprodução de animais de fazenda. Para aproximá-lo ainda mais do vórtice, um embriologista trabalhava na sala ao lado: Chuck viu espermatozóides no microscópio e foi fisgado. Só conseguia ficar olhando para eles durante horas a fio. Começou um mestrado. Quando se deu conta, uma empresa chamada Granada estava tentando começar um negócio de clonagem bovina, e estava à procura de alguém com formação em embriologia.

– Eu tinha 24 anos – lembra Chuck. – Quando vi aquele laboratório, tão bonito, tão brilhante e novo, fiquei fascinado. Mas depois comecei a trabalhar, e logo me dei conta de que a gente não tinha nenhuma resposta para as perguntas criadas pelas coisas que queria fazer. A gente estava apenas transferindo o máximo de blastômeros de 32 células para o máximo de óvulos enucleados possível, tentando manter esses embriões recém-clonados vivos da melhor maneira possível, e transferindo a maior quantidade possível para fêmeas pseudográvidas, mas estava fazendo tudo isso meio às cegas. Era mais ou menos como em uma linha de montagem, e a gente não conseguia explicar os erros que cometia. Mesmo quando tudo funcionava, ainda havia um sério problema com a síndrome do bezerro grande. Cerca de 32% dos bezerros clonados recém-nascidos eram muito maiores do que o normal, seus ossos eram enormes, a gente nunca poderia comercializar um animal assim. E naquela época não havia transgênicos, de modo que clonar um único animal de grande valor comercial estava

Dias frios de inverno

fora de cogitação. Eu disse a mim mesmo: "Não tenho idéia do que está acontecendo, tenho de voltar para a graduação." Isso foi meio precipitado porque, depois de dois anos, a Granada faliu. Eu estava procurando um orientador de doutorado interessado em clonagem. Liguei para o Jim. Ele me disse para ir para lá assim que pudesse. Eles tinham acabado de abrir uma vaga, dá para acreditar? Tive muita sorte. É impossível de entender, e eu não quero entender. Prefiro pensar que a vida é imprevisível.

De volta à ciência básica, Chuck teve sua dose de algumas daquelas coisas que ainda não sabemos: regulação do ciclo celular, reprogramação nuclear depois da transferência, como o espermatozóide age durante a fertilização e como imitar esses efeitos na clonagem, um monte de perguntas ainda sem resposta reunidas em sua tese. Então sua sorte tomou a forma de uma vaga de pós-doutorado oferecida pelo Departamento de Agricultura dos Estados Unidos para desenvolver técnicas de seleção sexual em espermatozóides de porco, um cargo que fez com que Chuck novamente passasse horas olhando para espermatozóides e refletindo pela primeira vez sobre como seria o futuro.

— Nunca pensei que seria tão óbvio assim, mas é verdade, a gente pode de fato separar os espermatozóides X dos espermatozóides Y. É incrível. E é realmente empolgante, porque o fato de a gente poder escolher só gerar filhotes do sexo desejado vai mudar nossa forma de fazer pecuária.

O pós-doutorado de Chuck deveria terminar em 1998. Em 1997, Ian Wilmut clonou Dolly. Uma semana depois do anúncio público, ele estava em Washington visitando os laboratórios da USDA para uma apresentação. O interesse pela clonagem e a curiosidade generalizada criaram um sucesso inédito: até mesmo as secretárias deixaram seus lugares para ouvir as estranhas notícias.

— Ian é um homem muito afável, e ficou genuinamente surpreso com a intensidade da reação pública. Estava estupefato porque alguém havia perguntado a ele se os clones tinham alma. Ele não esperava por isso. Ninguém esperava. Mas agora estava ali. Ele estava falando, e eu estava sentado ali, ouvindo-o falar, e de repente senti muita falta dos meus dias de clonagem. Queria voltar a eles. Na semana seguinte, a gente tinha uma reunião do laboratório, e agora meus chefes queriam fazer mapeamento genético em clones. Eu tinha alguma experiência, então me fizeram várias perguntas. Cara, aquilo me fez querer tanto voltar à clonagem, e aquele sonho de revolucionar a pecuária era tão fascinante. Eu estava começando a ver todas as possibilidades. Estava me dando conta das vantagens que os transgênicos poderiam proporcionar, de toda a esperança de um dia poder produzir animais de grande valor genético e depois copiá-los. Eu estava me coçando. E, quando vi, estava recebendo um telefonema de umas pessoas interessadas em começar uma pequena empresa de clonagem no Texas.

A filha de Chuck acabara de nascer. Sua decisão seguinte foi a primeira que tomou como um homem de família, sentado na cozinha junto ao bule de café às cinco da manhã, sem conseguir dormir, fazendo listas de prós e contras, perguntando-se se o ambiente protegido de uma pequena cidade texana não seria melhor para Sierra do que crescer na tumultuada vida cosmopolita de Washington, sentindo-se confuso mas muito orgulhoso por ser um marido sério e um pai escrupuloso. Ele ainda se inflama de orgulho ao recordar aquele momento, e então deixa escapar um sorriso maroto.

— No final, eu acho que simplesmente decidi que havia muito sexo em Washington. Eu não queria que minha filha chegasse nem perto de ter de entregar pizzas na Casa Branca.

Então agora ele tem um técnico e dá as cartas na Ultimate Biosystems.

— Eu observo muito os fibroblastos. Eles não se parecem com espermatozóides. Não se mexem. São chapados. Mas, quando a gente os transfere para os óvulos, vê a divisão celular, vê embriões se formando, e trinta dias depois vê um coração batendo. Isso ainda me comove. E ainda me intriga tanto quanto antes, porque ainda não se sabe nada sobre a biologia básica do que se está fazendo. E a transferência embrionária é um grande negócio hoje em dia. Todo o mundo está animado. Todo mundo quer ser o primeiro a clonar alguma coisa. Essa história da Dolly foi como o meteoro caindo no mar em *Impacto profundo*. Talvez daqui a cinco anos o público esteja menos interessado, mas agora, toda vez que alguém faz a coisa mais insignificante, está nas manchetes dos jornais no dia seguinte. Eu acho isso o máximo. É bom sentir que o que se está fazendo é importante. Pense só nisso. Tenho 34 anos, vou trabalhar ainda por mais quarenta, e todas essas coisas inacreditáveis aconteceram nos últimos dez anos. Pense

Dias frios de inverno

em todo o caminho percorrido em tão pouco tempo, e agora imagine o futuro. Vai ser incrível. Não posso prever exatamente o que vai acontecer, não acho que alguém possa, mas fico com essa sensação de que a gente acaba de abrir uma porta e finalmente viu o que existe do outro lado. Não existe sentimento melhor do que esse. E agora as coisas estão se acelerando, e daqui a pouco o genoma humano será completamente conhecido e a gente vai levar tudo um passo mais adiante. Não acho que eu pudesse ter tido mais sorte.

Chuck tem um grande sorriso no rosto, pronto para embarcar na onda e seguir em frente.

— Na verdade eu não me vejo clonando daqui a dez anos, porque vai haver uma enorme quantidade de ciência básica a ser feita. Como muitas pessoas, sou completamente fascinado por reprogramação nuclear. Quero dizer, como é possível que um núcleo já inteiramente diferenciado se reprograme e dê origem a um embrião ao ser transferido para dentro de um óvulo? É um mistério, como um continente ainda a ser descoberto, ainda ausente dos mapas. A gente só sente que esse continente está ali. Existem milhares de genes e, portanto, milhares de perguntas. Isso é muito pessoal, entende? Eu cresci em uma fazenda de gado leiteiro no Missouri. Era ótimo ter todos aqueles animais em volta, mas era duro para os meus pais. Eles tinham sempre muitos problemas. Então você pode imaginar? Com meu próprio trabalho, eu posso encontrar as respostas que vão permitir a pessoas como o meu pai ter uma vida melhor! Ah, eu até paro de beber para manter intactas minhas células cerebrais, se for preciso. Isso é divertido. É um trabalho divertido. A vida é divertida.

De algum modo, outras pessoas haviam novamente se aglomerado à nossa volta. Isso acontece muito em congressos, especialmente quando há apenas duas centenas de pessoas, e essas pessoas vêm trabalhando na mesma área por duas décadas. A conversa levou a um debate acalorado sobre clonagem e imortalidade, e foi por isso que cheguei atrasada ao *workshop*. Quase perdi a palestra do cientista brasileiro sobre superovulação em búfalos, uma grande fonte de proteínas derivadas do leite que também apresenta alguns problemas espinhosos.

Era um *workshop* sobre transgênicos, e as faíscas já voavam quando me sentei e saquei meu bloco de notas. O debate começou com uma tentativa de se estabelecer que tipos de células seriam mais adequadas para a transferência embrionária; assim, as questões em pauta eram naturalmente complicadas. Até Dolly, as células escolhidas eram blastômeros, por serem supostamente mais maleáveis do que células totalmente adultas. Com o advento da transferência nuclear a partir de células de cultura de tecidos, surgiu a idéia de se usarem células fetais em cultura (fibroblastos fetais), porque elas deveriam acumular a maleabilidade de um blastômero com a solidez de uma célula de cultura de tecidos. No entanto, não sabemos se as células pensam do mesmo modo que nós. E ainda precisamos levar em consideração a influência há muito conhecida, mas pouco compreendida, das diferentes fases do ciclo celular no sucesso da reprogramação nuclear depois da transferência. Um participante sugere o uso de células indiferenciadas primordiais, as precursoras indiferenciadas de óvulos e espermatozóides. Outro menciona o potencial dos glóbulos vermelhos postos em cultura, porque nos mamíferos essas células são naturalmente desprovidas de núcleo em sua forma adulta. O ritmo veloz da discussão parece mais uma vez beirar a anarquia desenfreada. Ninguém sabe quantos tipos diferentes de fibroblastos fetais existem. Ninguém ainda chegou a um consenso sobre o que é exatamente um blastócito.

Alguém repete que estamos apenas atirando a esmo, e ficando cada vez mais soterrados por pilhas de informações incompreensíveis que nem sempre podemos analisar, pois desconhecemos os mecanismos celulares básicos por trás dos efeitos que observamos. A discussão fica mais acalorada.

– O que vocês querem? Querem que a gente pare de requisitar patentes e de anunciar resultados até ter um feto, ou mesmo um nascimento vivo? Será que alguém nesta sala está disposto a fazer isso?

– Mas o que afinal vocês querem fazer? Clonar por clonar? Nunca parar e questionar?

– A razão pela qual eu nunca paro é porque sempre questiono.

– Você precisa se perguntar se seus fibroblastos fetais são as melhores células para a transferência embrionária.

– Mas o que a gente deve fazer? Parar de publicar até que fique provado quais as melhores células para a clonagem? Nesse caso nunca saberemos que células são essas!

– A gente não está refletindo o suficiente, é só isso que estou dizendo. Há muitas informações básicas que desconhecemos. Na clonagem, sempre se está pensando sobre o lugar a que se quer chegar mas, se deixarmos de pensar sobre o lugar de onde partimos, só vamos conseguir cada vez mais problemas impossíveis de ser explicados.

Perto do final da sessão, como se os participantes soubessem que aquilo também seria o final deste livro, pérolas de sabedoria começaram a surgir entre os debatedores exaltados, como frases marcantes para a posteridade. Uma mulher levantou-se e agarrou o microfone. Ela havia esperado pacientemente sua vez. Disse:

– Quero apenas lembrar a vocês que o progresso seria mais rápido se a gente mudasse o foco. *Aquilo que não sabemos*, é isso que importa. A nossa área é ótima para estudar o fracasso, porque a gente tem muito mais fracassos do que sucessos. Há uma quantidade interminável de material a ser analisado. A gente tem noventa em cada cem embriões clonados para estudar o fracasso, não é?

A questão criou uma última onda de debate sobre o porquê de estarmos fazendo o que estamos fazendo, e a essa altura pequenos grupos já estavam de pé nos corredores em rápidas sessões separadas sobre como resolver tecnicamente cada um dos problemas de transferência embrionária expostos em *Parque dos dinossauros*. Uma voz no meio da multidão forneceu a mais simbólica de todas as declarações finais.

– A gente está maluco. Primeiro os filmes deram aos espectadores todas aquelas diferentes versões da imagem do cientista louco. E agora os cientistas agem como se estivessem em um filme!

CONCLUSÃO

Mensagens para levar para casa

Como no caso da maioria das questões desafiadoras de nossa vida, não há uma mensagem para levar para casa. Não podemos simplesmente decidir que a clonagem é uma coisa boa, ou que a clonagem é apenas uma coisa ruim. Tampouco podemos alegar que a clonagem é cientificamente irrelevante, ou que a clonagem é a maior revolução do nosso milênio. Tudo o que podemos fazer é ter em mente os prós e os contras mais óbvios, e usá-los com o máximo de bom senso possível ao discutirmos o que queremos fazer com as técnicas que se tornarem disponíveis.

1. Clonagem de animais

A clonagem tornaria a lã, o leite e a carne muito mais baratos
mas
A clonagem tornaria a lã, o leite e a carne baratos demais para os pequenos produtores.

A clonagem liberaria os pastos para outros usos
mas
A clonagem empobreceria a diversidade genética dos animais domésticos.

A clonagem poderia ser usada para "ressuscitar" os animais domésticos depois de epidemias
mas
A clonagem poderia desprezar os tipos genéticos que seriam mais úteis depois da décima epidemia.

A clonagem poderia ajudar a salvar espécies selvagens ameaçadas
mas
Ainda precisamos provar que isso pode ser feito.

Os clones transgênicos poderiam fornecer suprimentos infinitos e baratos de vacinas e antibióticos
mas
Animais transgênicos poderiam despertar o medo em relação a seres humanos transgênicos.

Devido à alta taxa de mortalidade embrionária, a clonagem animal ainda não é comercialmente viável
mas
Ainda não sabemos como superar essa situação.

2. Clonagem de seres humanos

Por medo das altas taxas de malformação em recém-nascidos, e do número elevado demais de lacunas na legislação atual, a clonagem humana é proibida na maioria dos países
mas
Será que proibir o progresso do conhecimento e da ciência é uma coisa sensata?

A clonagem humana poderia ser muito útil para a doação de órgãos
mas
Será que é humano criar seres humanos com o único intuito de usar partes de seu corpo?

Associada à cultura de tecidos, a clonagem humana poderia nos permitir regenerar órgãos doentes sem que os clones precisassem nascer
mas
Será que realmente queremos viver por trezentos anos?

Associada à engenharia genética, a clonagem humana permitiria aos pais "proverem" seus filhos com todo tipo de característica "favorável"
mas
Será que esse sonho não parece demais um pesadelo?

3. Clonagem de erros

Sabemos pouco sobre a clonagem porque a mídia foi descuidada em suas matérias
mas
Os cientistas também são descuidados quando se trata de fornecer explicações compreensíveis à mídia.

O público reclama que é praticamente impossível entender a ciência
mas
Os cientistas podem ser muito cruéis com seus colegas que ousem transmitir a ciência ao público.

A ficção científica prosperou nas últimas décadas
mas
O estudo fundamental das ciências básicas é pouco estimulado nas escolas.

Todo mundo tem uma opinião a respeito da clonagem
mas
Quem fez o dever de casa primeiro?

NOTAS

1. Quando *Parque dos dinossauros* chegou aos cinemas, recebi vários telefonemas de Portugal perguntando-me qual era a grande história do filme. Então escrevi uma espécie de folheto sob a forma de uma crítica de cinema. Em seguida, comecei a fazer circular o manuscrito entre meus estimados colegas, para ouvir suas opiniões. E foi assim que de repente descobri, para minha grande surpresa, que dentro de cada cientista dorme um aspirante a crítico de cinema. Ainda me espanto ao lembrar todas as críticas alternativas a *Parque dos dinossauros* que recebi, e de todos os acalorados argumentos de meus amigos contra meus próprios argumentos acalorados. Portanto, vou lhes dar uma amostra da cientista como aprendiz de Pauline Kael. O primeiro texto é o meu folheto. O segundo é minha resposta favorita, escrita por Scott Gilbert, autor do importantíssimo livro *Developmental Biology*, e aparentemente um fã de ficção científica.
Eu escrevi:

> Caros colegas cidadãos: façam um favor a vocês mesmos e à sociedade. Por mais que sejam bombardeados com publicidade, exerçam seu direito de escolher. Não vejam esse filme.
> Lançado em meio a campanhas promocionais maciças com todo tipo de cartazes, camisetas e porções "gigantes" de batatas fritas no McDonald's, a megaprodução *Parque dos dinossauros*, produzida por Steven Spielberg e baseada no livro homônimo de Michael Crichton, não é um filme ruim. Mas é também uma das operações de má informação mais tiranossáuricas que vi nos últimos anos.
> O filme não merece sequer ser mencionado porque, como filme, simplesmente não existe. O que nos apresentam é um catá-

logo bastante suntuoso de efeitos especiais, na forma de uma série de dinossauros cheios de adrenalina perseguindo pessoas, dinossauros perseguindo dinossauros, dinossauros perseguindo objetos, dinossauros comendo alguns dos itens anteriores e aterrorizando tudo o que permaneça de pé. O objetivo da trama é levar os espectadores a se extasiar com os poderes da animação moderna. O final é um festival de pieguice, com crianças dormindo nos braços de adultos nascidos de novo e pelicanos voando acima das ondas sob o pôr-do-sol.

No entanto, o que vale a pena ser mencionado é a quantidade de informações equivocadas transmitidas por esse sofisticado produto, já que ele é a demonstração perfeita dos perigos intrínsecos de certo tipo de ficção científica.

Não conheço as razões profundas para essa atitude, mas vi o suficiente para entender que, quando a ficção científica envolve a biologia, ela é sempre profundamente pessimista. E destila sem parar o subtexto de que todos os cientistas envolvidos na biologia são, por definição, agentes de manobras extremamente perigosas para a integridade do homem e do planeta.

Essa tendência torna-se muito mais prejudicial quando o enredo é verossímil para um leigo, o que é o caso da grande maioria dos receptores. Quando a história inclui naves espaciais e criaturas verdes de sete olhos, ainda fica mais ou menos claro que estamos no reino da fantasia. O pior é quando, como na atual situação, os autores fizeram seu dever de casa bem o bastante para usar o jargão adequado, referindo-se a instrumentos e métodos que realmente existem, juntando tudo em um pacote realista – e levando as pessoas a pensar que a história poderia realmente ter acontecido, não fosse por algum fator de redenção que houvesse detido a tempo os ímpetos sinistros dos malvados alucinados de jaleco branco.

Quanto mais repousa em bases aparentemente autênticas, mais essa retórica se torna perigosa. *Parque dos dinossauros* trata por acaso da minha área de estudo, portanto posso dizer com facilidade que não passa de um jogo vazio bem embrulhado. E está repleto de contra-sensos. Cada um de seus quadros pode brilhar com o esplendor dos milhões de dólares que consumiu. Mas, do início ao fim, é uma mentira consumada.

Vocês não deveriam subestimar o problema e dizer que estou chateada apenas porque o filme tem que ver com minha especialidade. O que estou, no fundo, é muito preocupada. Se uma amostra isolada é ruim, imaginem só o panorama completo. Imaginem todos os outros livros e filmes que têm que ver com áreas da ciência que não a minha. Imaginem o caos que se acumula na cabeça do público. O abismo entre a atividade científica e sua compreensão pela sociedade, onde a mesma atividade tem repercussões todos os dias, já é assustador o bastante. O aumento da confusão entre ciência e ficção científica o torna ainda maior e mais intransponível. Devido a seu instinto natural de defesa, que os leva a evitar e ignorar as ações de informação pública, os cientistas têm grande parte da culpa na criação desse nó cego. No entanto, seria injusto alegar que a culpa é toda deles. O absurdo cinematográfico dos dinossauros furiosos é um caso tão paradigmático que vale a pena desmembrá-lo pedaço por pedaço. Assim, permitam que eu esboce uma pequena lista das razões que fazem de *Parque dos dinossauros* tanto um insulto à ciência que alega retratar quanto uma ameaça pública de irresponsabilidade.

Logo no começo, os supostos heróis – um simpático casal de paleontólogos que escava esqueletos nos desertos do Fim do Mundo – aceitam em dois minutos um convite para passar o fim de semana na ilha do maluco que inventou o parque de diversões com o fim de inspecionar suas condições de segurança – porque o homem lhes promete dinheiro para que possam continuar suas pesquisas por dois anos! Agora, de onde eu venho, isso se chama chantagem. Um especialista que é pago mais do que a média para investigar a viabilidade de um projeto que pertença à entidade pagadora está concordando implicitamente em emitir uma opinião favorável. É triste, embora bastante possível, que diversos cientistas embarquem nesse tipo de aventura antiética. Mas estaríamos em graves apuros se essa atitude fosse a regra. E a regra entre os heróis, ainda por cima.

Então surge o terceiro especialista, um matemático especializado em teoria do caos. O que torna um estudioso do caos qualificado para estudar a segurança do *Parque dos dinossauros* fica a critério de cada um. Talvez o tema do caos estivesse na moda quando escreveram o livro. No entanto, quando fizeram o filme, o caos já virara um assunto completamente de domínio público e comum. Os roteiristas deveriam ter sido mais espertos.

O pior é que, quando o matemático pergunta aos paleontólogos se eles conhecem o caos, ambos respondem, em uníssono, que não. Não? Em 1993? Depois de centenas de artistas brincarem com fractais a ponto de, hoje, os estarmos usando até como protetores de tela em nossos computadores? Em uma época em que ninguém mais suporta escutar de novo o velho clichê da borboleta que bate as asas no México e causa uma tempestade no Texas? Esperem um instante: que cientistas alienados são esses? Eles devem ter passado tempo demais no Fim do Mundo.

O que segue é uma gigantesca confusão técnica, devidamente embelezada por termos cabalísticos. Pelo que nos contam, os cientistas que trabalhavam para o parque conseguiram clonar dinossauros usando o DNA de dinossauros fossilizados no sangue sugado por mosquitos que, por sua vez, foram fossilizados dentro de gotas de âmbar.

Interessante. Passamos maus bocados apenas para clonar coelhos, que nem sequer são fósseis. Ainda assim, podemos engolir esse salto quântico. Afinal de contas, estamos assistindo a um filme de ficção científica. O que não se pode relevar é o fato de não ser possível fazer clones sem óvulos, de preferência óvulos da mesma espécie que estiver sendo clonada. Será que os óvulos também haviam sido fossilizados em âmbar? E será que eram viáveis? Mas como? E por que nada nos é dito sobre esse detalhe extremamente interessante da ciência envolvida na técnica da clonagem? É incompreensível. Mas suponho que qualquer coisa esteja valendo quando se escolhe cometer a falsificação grosseira de dizer às pessoas que clonar DNA é a mesma coisa que clonar organismos.

Depois dessa peripécia preliminar, poderíamos pensar que já estamos confusos o bastante. No entanto, pouco tempo depois, a paleontóloga loura colhe algumas folhas de uma árvore próxima e diz a seus amigos, num frenesi de agitação, que aquela vegetação deveria ter desaparecido no final do Terciário. Como é? Então agora eles clonaram vegetais? Será que vocês poderiam voltar o filme, porque perdemos essa cena? Será que eles deixaram essa parte no chão da sala de montagem? Ou estão tentando nos dizer que, sempre que clonamos um animal, o hábitat natural desse animal é instantaneamente clonado por geração espontânea?

Vou poupá-los da descrição e da discussão sobre a facilidade com que cada fragmento de DNA ausente no sangue fossilizado foi substituído por DNA de sapos, para em seguida ter de agüentar a acrobacia de dinossauros começando a mudar de sexo. É demais. Quando você corta e cola pedaços de realidades científicas de maneira tão caótica, está dando ao público uma quantidade grande demais de conceitos precipitados pouco digeridos, e está fazendo isso tudo ao mesmo tempo. O pobre público pode arrotar em uníssono.

À medida que as criaturas jurássicas passeiam pela paisagem, o filme parece estar nos ensinando que as duas grandes lições do dia são o fato de que os dinossauros tinham sangue quente – uma opinião há muito aceita, embora as bases para esse sangue quente potencial sejam desconhecidas e ainda estejam em aberto – e de que eram mais próximos das aves do que dos répteis – uma idéia que eu já aprendera na escola.

Ao longo do filme, com a ajuda da grandiosidade dos efeitos especiais, algumas hipóteses formuladas pelo menos cinco anos antes, com bases muito sólidas, são inteiramente ignoradas, como a possibilidade de o infame *Tyrannosaurus rex* não ser um carnívoro horrível, mas sim um dócil e tranqüilo animal de rapina. Os autores parecem estar dizendo: quem se importa com os estudos sérios? A mitologia exige que nosso amigo *rex* devore tudo que se mexa, e Hollywood jamais desapontaria os espectadores.

Essa pedagogia jurássica dúbia é sustentada pelo conceito furtivo de que os dinossauros, como os personagens de filmes americanos, estão divididos em dois grupos: os herbívoros, que são bonzinhos porque comem apenas grama e, portanto, nunca machucam criancinhas, e os carnívoros, que são maus porque engolem sete criancinhas de uma vez. Não seria possível poupar o mundo real, pelo menos o mundo real, dessa loucura de sempre dividir tudo entre bom e mau? Eu sou carnívora também, e sou adorável.

E mil desculpas, mas a coexistência e a co-dependência de carnívoros e herbívoros como uma condição para o funcionamento adequado dos ecossistemas é um dos princípios mais básicos da ecologia. Ou seja, da organização da vida como a conhecemos. Em menos de duas horas, esse falso Jurássico faz regredir nossa compreensão do ambiente que nos cerca uns bons duzentos anos.

No final, o diretor, os produtores e todos aqueles que encheram o bolso de dinheiro com o filme deram várias declarações conscienciosas à mídia dizendo como tinha sido bom fazer o filme, porque ele motivaria os jovens a estudar ciência. Sem brincadeira. Se eu fosse um jovem assistindo a essa baboseira, eu me inscreveria imediatamente em Letras e Discursos de Mulheres Latinas sobre Literatura Moderna. Por favor. Já que nada mais nos foi poupado, pelo menos poupem-nos às farsas pedagógicas.

Depois Scott escreveu:

Você faz crítica de cinema? Então aqui está a minha, com um ponto de vista diferente.

Em primeiro lugar, acho que, dos anos 70 até os 80, houve uma avalanche de filmes anticiência. Podemos citar *E.T.*, *Splash – Uma sereia em minha vida*, *Greystoke – A lenda de Tarzan, o rei da selva*, *Baby* e muitos outros. Eram basicamente o mesmo filme. Uma ingênua criatura era jogada em nossa sociedade tecnocientífica. A ingênua criatura podia ser um botânico extraterrestre, uma sereia, um garanhão selvagem ou um dinossauro. Não importava. A ciência estava empenhada em dissecá-lo(a). A ciência não era uma assassina de pessoas propriamente ditas, era uma assassina de tudo o que importava – o amor, a beleza, a amizade. O Cientista Louco não era mais o gênio solitário dos anos 50. ("Imbecis! Não valorizam o meu trabalho! Vou matar todos eles!"). Pelo contrário, o Cientista Louco estava no centro do governo! Quando Greystoke e seu pai adotivo escapam do laboratório, toda a força policial inglesa sai em seu encalço; quando a sereia Madison é libertada do Museu Americano de História Natural (!!!!!), todas as forças armadas dos Estados Unidos da

América saem à sua procura! Acho que essa idéia de que são os cientistas que comandam a sociedade por trás do pano começou com *Dr. Fantástico*, de Kubrick.

Então agora temos *Parque dos dinossauros*. Acho que o filme fez um excelente trabalho de leitura da introdução de Crichton a seu livro. A introdução discute a drástica mudança da biologia, que, de uma disciplina acadêmica na qual a aplicação era desprezada, se tornou uma disciplina empresarial na qual os cientistas preferem ser presidentes de empresa a chefes de laboratório, e em que os membros da divisão de biologia da Academia Nacional de Ciências representam todas as grandes empresas de biotecnologia. Os dois paleontólogos de *Parque dos dinossauros* eram bem bons – estavam sempre motivados e entusiasmados por surpresa e espanto (no caso da mulher, por fezes de triceratopes).

Então o enfoque muda da "ciência" para a "tecnociência empresarial". Temos direito à cena do "Dr. DNA" e ao "laboratório". Como você pode se lembrar, os cientistas de verdade (na cena da reunião) são todos contra o projeto! Só o advogado e o empresário carismático o defendem. E eles o controlam! Os alertas dos cientistas são ignorados. Eles não são importantes. Os frutos da ciência caíram nas mãos dos interesses comerciais (como afirma claramente o viril matemático) sem que estes fizessem qualquer ciência. Sim, o filme confunde clonagem de DNA com clonagem de organismos; mas mesmo os verdadeiros conhecedores também fazem essa confusão com freqüência. Ora, o *T. rex* nem sequer existia no Jurássico. Era uma criatura do Cretáceo. Mas os alossauros não têm o poder de atração de um *T. rex*.

Então os fatos científicos em *Parque dos dinossauros* não são exatos. Mas qual é o filme de ficção científica em que eles são exatos? Não é disso que tratam os filmes de ficção científica. Os filmes de ficção científica mexem com nossos medos. É por isso que *A mosca* pôde ser feito nos anos 50 e nos anos 80 (nas duas vezes com muitos erros científicos) e *Vampiros de almas* mantém seu apelo até hoje. *Parque dos dinossauros* foi "exato" em sua avaliação da tecnologia da clonagem – ela está nas mãos dos homens de negócios. Os cientistas não a controlam. Essa é uma das razões pelas quais não se ouve falar no grande problema científico – que o núcleo de uma célula somática possa ser reprogramado para iniciar o desenvolvimento. A ciência não controla o espetáculo!

E você acha que é chantagem o fato de o capitalista rico oferecer subsídio para os paleontólogos? Olhe a seu redor – quantas pessoas estão trabalhando em projetos que não lhes interessam porque é ali que está o dinheiro? Quantas pessoas estão trabalhando em empresas de biotecnologia quando prefeririam estar ensinando, mas, se quiserem ganhar a vida, vão colocar seus talentos a serviço de alguma empresa?

Então eu acho que você gasta um monte de tinta escrevendo uma crítica de filme que, na minha opinião, não trata dos problemas e preocupações reais do filme.

Com amizade,
Scott

Em seguida, comentando os comentários de Scott, outro colega fez uma observação na margem:

As décadas acumuladas de ficção científica devem ser vistas como parte de uma preocupação muito mais ampla sobre a tecnociência: a noção de que a ciência está fora de controle. É claro que é exatamente isso que deve pensar a pessoa a quem dizem que, se ela não navega na Internet, é alienada; se não compra tal marca de computador, seus filhos não irão bem na escola; e que o CD-player que comprou no ano anterior está obsoleto. É isso que os anúncios nos dizem. E os jornalistas científicos – a maioria deles provavelmente odiava ciência na escola – nos dizem que a cura do câncer foi encontrada – três vezes por ano! Acho que a maior parte do contato que as pessoas têm com a ciência é preocupante.

Outro produto da crítica de meu colega à minha crítica merece ser mencionado, pois revela com poderosa clareza a precariedade com a qual circula a informação sobre desenvolvimentos científicos, mesmo entre os cientistas. Infelizmente, assoberbados de trabalho, precisando de mais dinheiro para continuar nossos esforços, pressionados pela concorrência e pela lei do "publicar ou morrer", e ultrapassados pela quantidade de material publicado em nossa própria área, nem sequer temos tempo de nos manter antenados com o que está acontecendo atualmente em áreas bem próximas à nossa. Quando fiz circular o meu folheto, recebi várias mensagens eletrônicas de colegas preocupados que mal podiam acreditar no erro que eu cometera: eu mencionara a clonagem de coelhos, quando nunca um só coelho havia sido clonado no mundo – na verdade, isso não passava de uma fantasia impossível! Eles escreviam isso depois de eu ter posado para fotos de grupo no laboratório segurando nos braços nossos coelhos clonados, uns bons cinco anos depois de a clonagem de mamíferos começar. Por quê? Eram geneticistas moleculares. Conheciam bem a clonagem de DNA, mas eram totalmente desinformados sobre clonagem de mamíferos. Isso mostra como nos preocupamos pouco com o estabelecimento de diálogos sólidos sobre ciência.

2. Notem que gêmeos não podem ser tecnicamente considerados clones, por uma razão muito relevante: gêmeos nunca tiveram um modelo genético preexistente.

SUGESTÕES DE LEITURA

Cibelli, Jose B.; Stice, S.L.; Golueke, P.J.; Kane, J.J.; Jerry, J.; Blackwell, C.; Ponce de Leon, F.A. e Robe, J.M. "Cloned Transgenic Calves Produced from Nonquiescent Fetal Fibroblasts", *Science*, n° 220, 1998, p. 1256.

Danielli, J.F. e diBernardino, M.A. *Nuclear Transplantation*. Nova York: Plenum Press, 1996.

DiBernardino, Marie e Etkin, Laurence (orgs.). *Genomic Adaptability in Somatic Cell Specialization*. Nova York: Plenum Press, 1989.

Facklam, Margery e Facklam, Howard. *From Cell to Clone: The Story of Genetic Engineering*. Nova York: Harcourt Brace Jovanovich, 1979.

Gold, Michael. *A Conspiracy of Cells: One Woman's Immortal Legacy and the Medical Scandal It Caused*. Albany, NY: The State University of New York Press, 1986.

Griffin, H.; Haley, C.; McWhir, J. e Wilmut, I. "DNA Microsatellite Analysis of Dolly", *Nature*, n° 394, 1998, p. 329.

Harris, John. *Clones, Genes and Immortality: Ethics and the Genetic Revolution*. Londres: Oxford University Press, 1998.

Kahn, Alex. "Clone Mammals... Clone Man?", *Nature*, n° 385, 1997, p. 801.

——, e Papillon, Fabrice. *Copies conformes: la clonage en question*. Paris: Nil Éditions, 1998.

Kolata, Gina Bari. *Clone: The Road to Dolly and the Path Ahead*. Nova York: W. Morrow & Co., 1998. [Ed. brasileira: *Clone: Os caminhos para Dolly*, Rio de Janeiro, Campus.]

Mullis, Kary B. e Gibbs, Richard A. (orgs.). *The Polymerase Chain Reaction*. Boston, Mass.: Birkhauser, 1994.

Nussbaum, Martha C. e Sunstein, Cass R. (orgs.). *Clones and Clones: Facts and Fantasies About Human Cloning*. Nova York: Norton, 1998.

Pennisi, Elizabeth. "The Lamb That Roared", *Science*, n° 278, 1997, p. 2038.

Pence, Gregory E. (org.). *Flesh of My Flesh: The Ethics of Cloning Humans*. Nova York: Rowman & Littlefield Publishers, 1999.

Potten, C.S. e Hendry, J.H. (orgs.). *Cell Clones: Manual of Mammalian Cell Techniques*. Nova York: Churchill Livingstone, 1985.

Signer, Esther N.; Dubrova, Y.E.; Jeffreys, A.J.; Wilde, C.; Finch, L.M.B.; Wells, M. e Malcolm, P. "DNA Fingerprinting Dolly", *Nature*, n° 394, 1998, p. 329.

Silver, Lee. *Remaking Eden: Cloning and Beyond in a Brave New World*. Nova York: Avon Books, 1997.

Solter, David. "Dolly is a Clone... And No Longer Alone", *Nature*, n° 394, 1998, p. 315.

Steward, Colin. "Nuclear Transplantation – An Udder Way of Making Lambs", *Nature*, nº 385, 1997, p. 769.
Testard, Jacques. *Eve ou la répétition*. Paris: Odile Jacob, 1998.
Wakayama, T.; Perry; A.C.F.; Zucotti, W.M. e Johnson, K.K. "Full-Term Development of Mice from Enucleated Oocytes Injected with Cumulus Cell Nuclei", *Nature*, nº 394, 1998, p. 369.
Wilmut, Ian; Schnieke, A.E.; McWir, J.; Kind, A.J. e Campbell, K.H.S. "Viable Offspring Derived From Fetal and Adult Mammalian Cells", *Nature*, nº 385, 1997, p. 810.

Também na *Nature*:

Opinião: "Caught Napping by Clones", *Nature*, nº 385, 1997, p. 753 (somente na Internet).
Notícia: "Cloning Technique Reveals Legal Loophole", *Nature*, nº 385, 1997, p. 757 (somente na Internet).
Opinião: "Adult Cloning Marches On", *Nature*, nº 394, 1998, p. 303 (somente na Internet).
Press release: "Cloning; A Flock of Mice?", *Nature*, nº 394, 1998, p. 399 (somente na Internet).
Press release: "Cloning: Dolly's DNA Profile", *Nature*, nº 394, 1998, p. 379 (somente na Internet).

BIBLIOGRAFIA

—◄○►—

Arditti, Rita; Klein, Renate Duelli e Minden, Shelley (orgs.) *Test-Tube Women: What Future for Motherhood?* Nova York: Pandora Press, 1984.
Briggs, R. e King, T.J. "Transplantation of Living Nuclei from Blastula Cells into Enucleated Frog's Eggs", *Proc. Nat. Acad. Sci. USA*, n° 38, 1952, p. 455.
Briggs, R. e King, T.J. "Chonges in the Nuclei of Differentiating Endoderm Cells as Revealed by Nuclear Transplantation", J. Morph., n° 100, 1957, p. 269-312.
Collas, P.; Pinto-Correia, C.; Ponce de Leon, F.A. e Robl, J.M. "Effect of Donor Cell Cycle Stage on Chromatin and Spindle Morphology in Nuclear Transplant Rabbit Embryos", *Biology of Reproduction*, n° 46, 1992, p. 501.
Collins, Harry e Pinch, Trevor. *The Golem: What Everyone Should Know About Science*. Nova York: Cambridge University Press, 1993.
Dickson, Gordon R. (org.). *Futurelove: A Science Fiction Triad*. Boston: Bobbs-Merrill, Ma., 1977.
Edwards, Robert Geoffrey. *Conception in the Human Female*. Londres: Academic Press, 1980.
————. *Life Before Birth: Reflections on the Embryo Debate*. Londres: Hutchinson, 1989.
First, Nils. "Robert Geoffrey Edwards, Recipient of the 1993 Embryo Transfer Pioneer Award", *Theriogenology*, n° 1-4.
Gilbert, Scott F. *Developmental Biology*. Sunderland, Ma.: Sinauer Press, 1997. 5ª ed.
Gurdon, J.B. "Adult Frogs Derived From the Nuclei of Single Somatic Cells", *Dev. Biol*, n° 4, 1962, p. 256-273.
————. "The Transplantation of Living Cell Nuclei", *Adv. Morph.*, n° 4:1, 1964.
————. "Nuclear Transplantation in Eggs and Oocytes", *J. Cell. Sci.*, n° 4 (supl.), 1986, p. 287.
————e Vehlinger, V. "Fertile Intestinal Nuclei", *Nature*, n° 210, 1966, p. 1240.
Huxley, Aldous. *Brave New World*. Londres: Harper & Brothers, 1946.
Long, C.; Pinto-Correia, C.; Duby. R.T. e Robl, J.M. "Sperm Aster Formation and the First Cell Cycle in Cow Zygotes", *Mol. Rep. Dev.*, n° 36, 1993, p. 23.
Marx, J.L. "Cloning in Sheep and Cattle Embryos", *Science*, n° 237, 1988, p. 463.
McKinnel. R.G. *Cloning: Nuclear Transplantation in Amphibia – A Critique of Results Obtained with the Technique to Which is Added a Discourse on the Methods of the Craft*. Minneapolis, Min.: Minneapolis Univesity Press, 1978.
Pinto-Correia, C.; Collas, P.; Ponce de Leon, F.A. e Robl, J.M. "Microtubule and

Chromatin Configurations in the First Cell Cycle of Rabbit Parthenotes and Nuclear Transfer Embryos", *Mol Rep. Dev.*, n° 34, 1993, p. 33.

————; Poccia, D.L.; Chang, T. e Robl, J.M. "Dephosphorylation of Sperm Midpiece Antigens Triggers Aster Formation in Rabbit Oocytes", *Proc. Nat. Acad. Sci. USA*, n° 97, 1994, p. 7894.

————; Long, C.; Chang, T.C. e Robl, J.M. "Factors Involved in Nuclear Reprogramming During Early Development in the Rabbit", *Mol. Rep. Dev*, n° 40, 1995, p. 292.

Ramsey, Paul. *Fabricated Man: The Ethics of Genetic Control*. New Haven, Conn.: Yale University Press: 1970.

Reynolds, Francis Joseph. *Master Tales of Mistery by the World's Most Famous Authors of Today*. Nova York: P.F. Collier and Son, 1915.

Robl, James e Stice, Stephen. "Prospects for the Commercial Cloning of Animals by Nuclear Transplantation". *Theriogenology*, n° 31, 1989, p. 75.

Rogow, Roberta. *FutureSpeak: A Fan's Guide to the Language of Science Fiction*. Nova York: Paragon House, 1991.

Rorvic, David M. *In His Image: The Cloning of Man*. Inglaterra: Lippincott, 1978.

Stice, Stephen e Robl, James. "Current Successes in Cloning Mammalian Embryos", *Age*, n° 12, 1989, p. 83.

Subtelny, Stephen e Sussex, Ian M. *The Clonal Basis of Development*. Albany, NY: Academic Press, 1978.

Toffler, Alvin. *Future Shock*. Nova York: Random House, 1970.

Walters, William A.U. e Singer, Peter (orgs.). *Test-Tube Babies: A Guide to Moral Questions, Present Techniques and Future Possibilities*. Londres: Oxford University Press, 1982.

COLEÇÃO CIÊNCIA ATUAL
Coordenação editorial: Leny Cordeiro

Complexidade – Roger Lewin
Buracos negros, universos-bebês e outros ensaios – Stephen Hawking
Dobras no tempo – George Smoot e Keay Davidson
O bico do tentilhão – Jonathan Weiner
Tempo, amor, memória – Jonathan Weiner
Sonhos de uma teoria final – Steven Weinberg
O quark e o jaguar – Murray Gell-Mann
Nano – Ed Regis
Signos da vida – Robert Pollack
A perigosa idéia de Darwin – Daniel C. Dennett
A beleza da fera – Natalie Angier
Somos diferentes? – James Trefil
Entrevistas sobre o fim dos tempos – Jean-Claude Carrière, Jean Delumeau, Umberto Eco, Stephen Jay Gould
Hiperespaço – Michio Kaku
Visões do futuro – Michio Kaku
O nada que existe – Robert Kaplan
O monge no jardim – Robin Marantz Henig
Clones humanos – Clara Pinto Correia

* * *

SÉRIE MESTRES DA CIÊNCIA
Os três últimos minutos – Paul Davies
A origem da espécie humana – Richard Leakey
A origem do universo – John D. Barrow
O rio que saía do Éden – Richard Dawkins
O reino periódico – P. W. Atkins
Os números da natureza – Ian Stewart
Tipos de mentes – Daniel C. Dennett
Como o cérebro pensa – William H. Calvin
Laboratório terra – Stephen H. Schneider
O brilho do peixe-pônei – George C. Williams
Por que o sexo é divertido? – Jared Diamond
O cérebro humano – Susan A. Greenfield
Uma célula renegada – Robert A. Weinberg
O padrão gravado na pedra – Daniel Hillis
O planeta simbiótico – Lynn Margulis
Apenas seis números – Martins Rees
Três caminhos para a gravidade quântica – Lee Smolin

* * *

SÉRIE MESTRES DO PENSAMENTO
Depois de Deus – Don Cupitt
Mentes extraordinárias – Howard Gardner
A descoberta do fluxo – Mihaly Csikszentmihalyi
A beleza das máquinas – David Gelernter
O relógio do longo agora – Stewart Brand
Mente, linguagem e sociedade – John R. Searle

Este livro foi composto na Editora Rocco Ltda.
e impresso na Editora JPA Ltda.
Av. Brasil, 10.600 - Rio de Janeiro - RJ
em abril de 2002 para a Editora Rocco Ltda.